すべてのものとの和解

エマニュエル・カトンゴレ、クリス・ライス

佐藤容子、平野克己〔訳〕

Reconciling
ALL THINGS

シリーズ〈和解の神学〉

日本キリスト教団出版局

ミシシッピのジョン・パーキンズ

ウガンダのエマニュエル・ワマラ枢機卿

そして、

日毎にわたしたちに道を示してくれる聖徒たちに

本書をささげる

Reconciling
ALL THINGS
A Christian Vision for Justice, Peace and Healing

Published by InterVarsity Press

tr. by
SATO Yoko
HIRANO Katsuki

Published by
The Board of Publications
The United Church of Christ in Japan
Tokyo, Japan

日本語版への序文

クリス・ライス

あなたにとって「わたしたち」とはだれのことですか？　あなたが「わたしたち」と口にするとき、そこにだれが含まれていますか？　あなたの仲間とは、いったいだれのことですか？　これら「わたしたち」という言葉をめぐる問いは、すべての人が向き合わなければならない最も重要な問いの一つであり、本書の中心にもこの問いがあります。

わたしたちは、「わたしたち」と「彼ら」が対立する世界の中で生きています。わたしたちの国家、わたしたちの民族、わたしたちの家族。これらの「わたしたち」が力をふるっています。わたしたちが好ましく思い、仲間に加えたいと思う人たちがおり、そしてまた、わたしたちが好ましく思わず、排除したいと思う人たちがいます。

キリスト者にとって、いちばん最初にくる「わたしたち」とはいったいだれのことでしょうか。主イエスは使徒言行録の冒頭で、この問いにかかわることを語っておられます。主イエスはエルサレムでご自分の弟子たちに言われます。「あなたがたの上に聖霊が降ると、あなたがたは力を受ける。そして、エルサレムばかりでなく、ユダヤとサマリアの全土で、また、地の果てに至るまで、わたしの証人となる」（使徒1・8）。ここで主イエスは、ご自分の弟子たちがエルサレムから見知らぬ土地、見知らぬ人びとのただ中に聖霊によって遣わされる運命にあることを宣言しています。使徒言行録は、それに続いて——ユダヤ人と異邦人、男と女、富める人と貧しい人が一緒になって、様ざまな文化をもつ人々からなる多言語の新しいコミュニティーをつくりあげながら——見知らぬ土地が聖なる土地になっていくことを語ります。神は教会に「新しいわたしたち」（New We）を与えてくださるのです。そして今、このわたしたちの時代にも、教会に「新しいわたしたち」を与えようとしておられます——国家と国家、集団と集団、文化と文化、過去の痛みや不正義によって分裂した、人と人とのあいだの分断を食い止めようと模索する「新しいわたしたち」を——。

ここに「和解の神学」の出発点があります。このような神学は非常に重要です。なぜならわたしたちはみな、紛争と恨みと分断の物語と無縁ではないからです。そしてこれらの物語が人びとを毒しています。朝鮮・韓国と日本のあいだには激動の歴史があり、その歴史にわたしもまた毒されてきました。

わたしは韓国で育ちました。両親が長老教会の宣教師として、韓国で一六年間働いていたのです。わたしは韓国が日本に苦しめられてきた話をたくさん聞きました。年輩の韓国人からは、日本語を学ぶように強要された話、強制的に日本名をつけられた話、神社での参拝を強いられた話を聞かされました。そうしてわたしは日本を心底嫌いになり、それは大人になっても変わりませんでした。

わたしは長年、アメリカの人種間の和解の運動のリーダーを務めてきましたが、わたしが「わたしたち」と言うとき、そこに日本人は含まれていませんでした。わたしの子どもたちは、わたしが日本人を馬鹿にするのをたびたび耳にしていました。子どもたちは尋ねました。「おとうさん、どうしてそんなに日本人が嫌いなの？」

二〇〇三年、わたしがデューク大学神学部大学院で学んでいたときのことです。ある日、クラスの中に一人のアジア系学生がいることに気がつきました。わたしと同じように年のいった学生です。授業のあと、わたしは自己紹介をしました。その学生の名前を知ったとき、わたしはがっかりしました。カツキ・ヒラノ。日本人。カツキは、研究休暇を利用して家族と共に滞在していて、数か月間デュークで学ぶ予定だというのです。もしもカツキが韓国人だったなら、わたしは大喜びですぐに彼を家に招き、家族と夕食を共にしていたでしょう。けれどもわたしは、また会いましょう、とは言いませんでした。カツキとの会話は五分で終わり、その後、わたしがカツキのことを考えることもありませんでした。

一〇年後、わたしはデュークの「和解センター」の所長となっていました。わたしたちはあなたが今手に取っているこの本を出版し、和解をテーマとするシリーズの刊行を始めました。わたしたちがアメリカで始めた和解フォーラムは大きな成果をおさめ、次にアフリカでもフォーラムを開始しました。そしてわたしたちは、次の連携地域として北東アジアに目を向けるようになりました。

となれば、中国と韓国と日本に行ってみなければなりません。けれども日本では、わたしを迎えて案内してくれそうな人をだれも知りませんでした。わたしはデュークの「夏期和解フォーラム」でヨーコ・サトウという日本人作曲家と知り合いになっていたので、彼女にだれかを推薦してもらうことにしました。

「適任と思われる人が一人いますよ」とヨーコは言いました。「東京にいる平野克己という牧師です。あなたのことを紹介してあげましょうか？」

そうです、わたしは日本に行きました。そうです、わたしは空港で出迎えてもらいました。カツキ・ヒラノ牧師に。それから五日かけて、わたしたちは東京と長崎をまわりました。カツキはわたしを日本の文化と食べ物に出会わせてくれました。マイノリティーとして信仰生活を送っている日本のキリスト者たちに、わたしを紹介してくれました。長崎では、わたしはアメリカによって原子爆弾が投下された浦上天主堂の前に立ちました。わたしは、自分のパスポートを発行した国を赦してくださるよう、神に祈りました。過酷な迫害のなか、七世代にわたって信仰を貫いた潜伏キリシタンの物語も学びました。わたしは自分が変えられたことに衝撃を受けました。いったいどうすればこんなことが可能だったのでしょう？　日本での滞在はとてもすてきだったなどと、韓国人の友人たちにどうやって話すことができるでしょう？　このカツキという名のキリストにある兄弟との交流を、わたしはどれほど楽しんだか、ということを。

カツキがアメリカに来たとき、わたしは彼と五分しかいっしょに過ごしませんでした。わたしが日本に行ったとき、カツキはわたしと五日間いっしょに過ごしてくれました。これはわたしにとって、悔い改めと癒やしの旅の始まりでした。数年後、カツキが二度目の研究休暇で再びデュークにやって来たとき、妻ダナとわたしは彼をホテルに滞在させておくわけにはいかないと思いました。わたしたちはカツキを呼んで二か月間わたしの家で生活を共にし、カツキがアメリカで「ホームステイ体験」をするうちに、わたしたちの絆は深まっていきました（ダナの手料理の数々が、わたしのかつての不親切さの償いになったらいいのですが）。

二〇一一年以後、カツキとわたしは他のキリスト者リーダーたちと共に「北東アジア・キリスト者和解フォーラム」という新しい運動に携わるようになりました。そこでは、中国、韓国、日本、台湾、アメリカのキリスト者リーダーたちが、この不穏と激動の時代に平和へと向かう神の道を見出そうと模索しています。

わたしたちは毎年、当該地域の異なる国で集まっています。二〇一五年には五〇人が長崎に集まり、六日間滞在しました。学者、実践家、牧師と神父、教会のリーダーなどの老若男女の参加者には、プロテスタントもカトリックもいます。わたしたちは聖書を深く読みました。共に礼拝をしました。互いの緊張や激しい議論も起こりました。そして、食事を共にしました。分断を超えて共に食事をすることはとても大切なのです。ルワンダには「食事をしている口の音が聞こえないなら泣いている口の音も聞こえない」ということわざがあります。それは気楽な六日間ではありませんでした。波乱がありました。ある有名な中国人のリーダーは、その苦痛に満ちた歴史ゆえに、日本に来たことがありませんでした。しかし、彼はやって来たのです。

和解フォーラムでは毎年、「巡礼」と呼ぶ日を設けています。その地に住む人たちの痛みと希望の物語にふれるために、その地を歩くのです。長崎でのフォーラムで大きな転換点となったのは、そわたしたちが市内に出かけた日でした。わたしたちはアメリカの原子爆弾が投下された場所に行きました。殉教の地にも行きました。どちらも長崎でよく知られている場所です。

しかしわたしたちは、殉教の丘から少し歩いたところにある資料館にも行きました［「岡まさはる記念長崎平和資料館」のこと］。人目につかないところにひっそりと建っている、小さな資料館です。そこでは、たくさんの痛ましい写真や資料を通して、日本軍が朝鮮や韓国に対して行った残虐行為の物語が語られていました。わたしは心配になりました。「わたしたちのグループにいったいここで何が起こるだろう？」

だれがこの資料館を設立したかを知って、わたしたちは驚きました。牧師です。しかも、日本の。わたしたちはいっしょに資料館の中を歩いていきました。横に並んで、痛ましい写真を眺め、説明書きを読んでいきました。朝鮮人慰安婦。南京大虐殺。フォーラムの期間中に韓国人たちが日本人について文句を言っているのを、わたしは耳にしていました。「日本人はもっと謝罪すべきだ」。けれども、この資料館を訪問すべきだと主張したのは、フォーラムの日本人リーダーたちだったのです。また、フォーラムの期間中に中国人のある兄弟は、一九四五年の原爆の長崎投下は中国ではまさに朗報であったと言っていました。「あの爆弾のおかげでわたしたちは日本から解放されたのだ。南京大虐殺の復讐だよ」。ところがこの資料館で、わたしは中国の兄弟姉妹たちが日本の兄弟姉妹たちと抱き合っているのを見たのです。フォーラムの期間中、日本人が韓国人について文句を言っているのも、わたしは聞きました。「あの人たちを満足させることなどできない。赦してもらえるまで、いったいどれだけ待てばいいんだ」。しかしわたしは、韓国のキリスト教の主要なリーダーが、日本の教会の主要なリーダーに近づいていくのを見ました。その韓国人は言いました。「わたしたちはこのようなことが再び起きないようにしなければなりません」。ふたりは抱き合い、涙を流しました。

　わたしたちはこのようなことが再び起きないようにしなければなりません。わたしたちは。「新しいわたしたち」(New We)は。資料館でのあの「巡礼」の中で、見知らぬ土地が聖なる土地になったのです。

　過去の不正義を正すためには、国家の謝罪と真実の歴史が必要とされます。そしてわたしは、わたしの仲間である日本人たちがこのフォーラムで謝罪するのを、何度も耳にしました。しかし使徒言行録の物語では、もっと豊かな神のヴィジョンが語られています。悔い改めをまっとうするとは、共に生きることなのです。悔い改めとしての共に生きる生活。わたしには日本からできる限り遠く離れた所にいたいと思っていた時代がありました。これほど長い年月、わたしは貧しくされ、ちっぽけな者にされていたのです。今では日本なしの人生など想像できません。カツキや、知り合うことのできた日本の兄弟姉妹たちがいなかったら、わたしはどんな人間になっていたことでしょう。彼らは和解の旅の仲間になってくれたのです（その中にはヨーコ・サトウも含まれます。彼女はカツキを最初にわたしに紹介し、今回はカツキといっしょにこの本を日本語に訳してくれました）。また、フォーラムで出会った日本人たちも、韓国や中国の思いもよらない新しい旅の仲間たちがいなかったら、いったいどうなっていたことでしょう。今も残る対立や傷を、自分の国で、そして相手の国とのあいだで語っていくことが、今や共通の仕事となりました。

このようなわけで、本書は世界各地の教会と同様、日本の教会とも深く関わっているのです。神の「新しいわたしたち」（New We）を押しのけるとき、わたしたちは貧しくされ、ちっぽけな者にされてしまいます。けれども神の「新しいわたしたち」（New We）のコミュニティーの中で、わたしたちはさらに美しい現実を経験することができます。聖霊の結ぶ実をさらに味わうことができます。地の果てにまで広がる神の愛に、さらに満たされていくのです。

わたしは祈っています。本書を読むことで、あなたが新しい仲間たちといっしょに、神と共に行く冒険の道へと、さらに導かれていきますように、と。

もくじ

【凡例】文中の［　］は訳者注である。

はじめに

「すべてのものとの和解」――実に途方もない本のタイトルです。ことのほかこれほど小さな本のタイトルとしては。もしも、タイトルに野心的なところがあるとするならば、それは、この本が、壊れ、分断されたこの世界で誠実に生きるとはどういう意味であるかということに対する、わたしたちの深く絶え間ない思い（restlessness）から生じているからです。

わたしたちのうち、一人はアメリカ人です。わたしたちのうち、一人はアフリカ人です。一人はプロテスタントで、もう一人はカトリックです。一人は実践家で、もう一人は神学者です。けれども、わたしたちの旅は、安易なカテゴリー化や境界線や忠誠心を拒否し、乗り越えていく旅です。この分断された世界において、さらによいものを探していく休むことのない（restless）巡礼者として、わたしたちふたりは結びつけられているのです。

本書に記された絶え間ない思い（restlessness）と確信は、三つの巡礼の旅から生まれたものです。

巡礼の人生

わたし（クリス）は、ノースカロライナ州のダーラムに七年住んでいますが、いまだに慣れない土地にいるようで、自分がよそ者であるかのように感じています。わたしが通っているブラックナル長老教会の親しい友人の大部分と同じく、わたしは白人であり、アメリカ人です。わたしの子どもたちは、仲間と一緒にサッカーをしたり、馬に乗ったりして遊んでいます。わたしたちは、静かで落ち着いた、都会の一地区に住んでいます。わたしはデューク大学神学部で学び、今はそこで教鞭を執っているので、アカデミックな世界の話をすることができます。

けれども、わたしが今まで最も大切な教育を受けたのは、宣教師の親を持つ子どもとして韓国で育った一二年間であり、ミシシッピ州ジャクソンにある黒人が多く住むインナー・シティで生活した一七年間です。アメリカで生まれ、朝鮮戦争後の激動によって騒然としたソウルで育ち、またその地でキリスト教の爆発的な成長をも目の当たりにしました。その後、ミドルベリー・カレッジ［バーモント州にあり、入学最難関校として知られている］で中国語を学び、政府機関で職を得ることを目指していました。けれども、わたしは夏休みを取り、よりによってミシシッピでボランティアをすることにしたのです。

一九八一年、ミシシッピに着いたとき、わたしは夢見る二一歳でした。ミシシッピには、牧師であり活動家のジョン・パーキンズ（John Perkins）によって設立された「カルバリーの声ミニストリー」（Voice of Calvary Ministries）があり、毎日異なる人種のキリスト者が礼拝し、働き、同じ街で助け合いながら暮らしていました。この「カルバリーの声」があるインナー・シティは、かつてはどの肌の色の教会からも見離されていた地区でした。そのなかで「カルバリーの声」は住宅の供給、経済の発展、若者向けのミニストリーなど、あらゆることを行っていました。とても興奮を誘う場所でした。

ジャクソンには三か月の予定で行きましたが、結局は一七年間の滞在になりました。妻のダナとわたしは、「カルバリーの声」で出会い、結婚しました。そして三人の子どもたちはみな、そこで生まれ、あるいは我が家の養子になりました。わたしは自分が所属していた教会が、人種に関わる重大な事態によってほぼ分裂状態になるところを見ました。また、神が、苦しみや失敗や弱さを通して、どのようにして喜びや友情、そして新しいいのちをもたらしてくださるのかを目の当たりにする体験もしました。このようなことを通じて、わたしはスペンサー・パーキンズの友人――本来ならば、友人にはなれそうにないわたしたちでしたが――となり、彼と働くようになったのです。スペンサーは「カルバリーの声」の創設者の息子であり、人種間の激しい敵意のなかで育った人でした。わたしたちは、「アンティオキア」（Antioch）というキリスト者のコミュニティーを始めるために尽力し、わたしたちの家族はそこで一二年間暮らしました。わたしたちはまた、アメリカ国内の和解のためのミニストリーを設立し、わたしたちの物語を伝えるための本を執筆しました［クリス・ライスとスペンサー・パーキンズの共著、*More Than Equals*, 1994.（『平等というだけにとどまらない道』）のこと。同書は「クリスチャニティ・トゥデイ」誌により、一九九四年の批評家賞に選定された］。

一九九七年、スペンサーとわたしは、ほぼ断絶状態――悲痛な関係の危機――となりました。しかしそれでも、友人たちの助けにより、先へ進むためにお互いに寛大であること、そして、欠けについては神に信頼することをどうにか学んだのです。一つの地区、一つの教会で、スペンサーという名の一人の人物と平和に暮らそうとしただけなのですが、この経験は、和解とは長く、しかも壊れやすい旅であるということをわたしに教えてくれました。

しかし、一七年間を過ごしたミシシッピでのもっとも重要な教訓は、次のことでした。いかに深く分裂した世界であっても、また、たとえそれがほんとうに深く分裂した関係であっても、現在の状況は決してあるべき状況だとは限らない、ということです。

一九九八年のスペンサーの急逝後、しばしの思いめぐらす期間を経て、わたしたちの家族は新しい一歩を踏み出しました。それまでとは異なった場所――デューク大学というまったく別の路線――において、わたしはすぐに自分が満足できずにいる（restless）ことに気がつきました。デューク大学とウエスト・ジャクソンのような場所が、出会い、挨拶をかわし、友だちとなり、お互いを変えていくことができるのでしょうか？

アメリカから韓国へ、ミシシッピへ、そしてデューク大学へ、という巡礼の旅を通して、わたしは、生活のなかで経験してきたこの二つの世界――アジアとアメリカ、黒人と白人、持てる者と持たざる者、行動と熟考、ブラックナル教会の長老派らしい慎重さと「カルバリーの声」の聖歌隊の気ままさ、韓国のキムチとミシシッピのバーベキューリブ、ウエスト・ジャクソンでの発砲の現実とデューク・ガーデンの美しい世界――の間にある分断を超える交わりに常に憧れ、それを探し求めてきたことに気がつかされたのです。

アメリカのアフリカ人

この本における絶え間ない思い（restlessness）の第二の源泉は、エマニュエルの旅の中にあります。わたし（エマニュエル）にとっても、これは予期しない巡礼の旅であり続けています。というのは、デューク大学のような場所に自分がいるとは、それまで想像もしなかったことだからです。

　わたしはウガンダ人であり、マルベという小さな村で育ちました。今は、メソジストの神学部［デューク大学神学部のこと］所属のカトリックの司祭、アメリカにいるアフリカ人です。わたしは、ウガンダの村で生まれ育ちました。朝五時に起きて畑仕事をし、それから二マイル［約三キロメートル］走って学校まで行きました。けれども、わたしはまた、ウガンダ、ローマ、そしてベルギーで勉強することができました。わたしは今、経済的に豊かな研究大学で教え、新鮮なアフリカとの対話を紹介するという名目で、アフリカとの間を頻繁に往き来しています。

わたしの父は、ルワンダからウガンダに来た貧しい家族の出身で、母と共に七人の子どもを育ててくれました。父自身は学校に行ったことはありませんでしたが、わたしたちの学校で保護者のリーダーとなり、村の子どもたちを集めて教育を受けさせました。その父は、わたしが一二歳のときに亡くなりました。兄弟の一人は、エイズによって一九九三年に亡くなっています。一九八〇年に内戦が勃発したとき、軍隊が命あるものすべてを抹殺していくなか、母は家を離れていきました。母は、カンパラまで五〇マイル［約八〇キロメートル］を歩き、六年間戻ってきませんでした。アフリカでイディ・アミン（Idi Amin）による残虐な政権下に育ったこと、そして、アフリカ教会のダイナミックで豊かな伝統に積極的に関わったこと、その両方を経験して、今のわたしがあります。

わたしは講義を担当しながら、この自分は、アフリカの大部分で分断を引き起こしている部族主義、あるいは、北と南、黒人と白人といったカテゴリー化よりも、もっとよいものを探していることに気がつくようになりました。今ここにいるわたしが教えるときにわたしに迫ってくるのは、「しかしこの神学は、わたしの母にとって何を意味するのだろう」との問いです。今教えている神学が、わたしの故郷マルベでは、いったいどのような意味があるのでしょう？　マルベでは、有力企業によって木が切り倒され続けています。そこでは道路が荒れ放題、そこでは清潔な水は手に入らず、そこでは司祭も遠く離れた町に住んでいます。神や平和をめぐるわたしたちの会話が、井戸を掘り、教育を組織化し、木を植えるといった、現実の地域、ローカルな地域からの問いかけから、決して切り離されることがないようにするために、神学はどのような意味をもつのでしょうか？

「祝福の分かち合い」(Share the Blessings) というミニストリーによって、アフリカとアメリカの教会をつなぐコミュニティーをつくったり、デューク大学の学生や教員をウガンダへの巡礼の旅に連れて行ったり、司祭としてアメリカの教区で仕えているウガンダ人をサポートしながら、わたしの生活はデュークにありますが、同時に決してアフリカから離れることはありません。

分かち合った旅

この本における、絶え間ない思い (restlessness) の第三の源泉は、わたしたち二人が分かち合った旅から生じています。

わたしたちはデューク大学の教室で——エマニュエルは教員として、クリスは学生として——知り合いました。すぐにわたしたちは友人になりました。なんと二人共同じ年に生まれていたのです。やがて海外へのすばらしい旅が、ついにわたしたち二つの旅を一つに合わせました。わたしたちは二〇〇四年に行われた「世界福音宣教のためのローザンヌ・フォーラム」の、和解をテーマとしたセッションに参加することになったのです。

クリスが和解のセッションの招集者として招かれると、エマニュエルをリーダーシップチームの一員としてセッションに加わるように招いたのです。このチームの旅は、デュークへ、そして虐殺から一〇年が経過したルワンダへ、そして二〇〇四年一〇月にタイで行われた一五〇〇人の参加者によるフォーラムへという道をたどりました。タイでの一週間には、この世界で歴史的に最も分断されている二一の地域――韓国から北アイルランドまで、そして、インドから南アフリカまで――から、五〇人ものキリスト者のリーダーたちが、和解のセッションに参加しました。教派や国を超えて礼拝し、共に食事をし、和解のつとめについて議論したり、じっくりと考えたりするなかで、とてもすばらしいことが起きました。見知らぬ者同士が仲間となり、絶え間ない思いをもった(restless) グローバルなコミュニティーが生まれたのです。

タイでは同じ部屋で寝起きし、わたしたち二人は結びつけられ、毎晩夜遅くまで話し込みました。デューク大学に戻り、和解に焦点を当てた新しく大きな取り組みについての話し合いは、神学部長グレッグ・ジョーンズ (Greg Jones) も巻き込みながら熱を帯びていき、和解に焦点を絞った新しい専攻課程をつくることにまで及びました。そうして、二〇〇四年一二月までに、わたしたち二人は「デューク大学和解センター」(Duke Center for Reconciliation) の新しい共同ディレクターとして、ノースカロライナ・ビーチで休暇を共に過ごすまでになっていたのです。もしも、社会の現実と聖書、行動と熟考、アメリカとアフリカ、こうした両方の事柄に真剣に取り組もうとするならば、センターはどのようなものとなるだろう。そんな夢を分かちあいながら、わたしたちは海岸を歩きました。二人の友情は深まっていきましたが、わたしたちはいったい何を始めようとしているのか、そのことについては確信がもてないでいました。二人がそれぞれ所属しているプロテスタントとカトリックの教会が、聖餐の盃を分かちあえないでいるように、教会の破れこそが、わたしたちの絶え間ない思い（restlessness）の中心部分を占めていることがわかっていたのです。

二〇〇四年一二月、いっしょに海岸を歩いて以来、わたしたちは、二人それぞれが自己形成期を過ごしたウガンダの村やミシシッピの町を歩いてきました。クリスは、エマニュエルが信仰へと結ばれるために洗礼を受けた教会を見ました。エマニュエルは、「主に愛された共同体」（beloved community）へとクリスを結びつけた、アンティオキア・コミュニティーの夕べの食卓を見ました。

今、センターの旅は三年目に入り、和解をめぐる新しく大きな構想――センターを将来のリーダーのための苗床とし（わたしたちは、学生たちをミシシッピとウガンダに送り出しました）、資料センターとし、アメリカと世界中のキリスト者のリーダーを養成する燃料補給ステーションにしていくこと――に取り組んでいます。毎学期、多くの出会い――デュークで、アメリカ各地で、そして世界中で、深い痛みのある場所で大きな希望を抱きながら働く人びととの出会い――があります。わたしたちは毎学期の終わりを、いつも同じ場所、ノースカロライナ・ビーチで迎えます。海岸を歩きながら、与えられた贈りものを一つ一つ数え挙げるのです。この旅は、喜びや祝うことを抜きにしては、そして、わたしたちがそのなかで生きているさらに大きな物語を思い出すことがなければ、なんの価値もありません。

本書の確信

本書において、これからわたしたちが尋ね求めていく確信は、センターを立ちあげるために共に働いたからこそ、明らかになってきたものです。キリスト者のヴィジョンと実践として和解を捉えるとき、わたしたちは、そこには強固で共通した確信があることを知るに至ったのです。

まさしくわたしたちは、この多様な世界に絶えず橋を架け続けたいという熱情から、もっと広がりのある旅を見据えています。それは、神の新しい創造、そして、教会に対する新鮮なヴィジョンの探求です。その教会とは、現在のように分断された教会でも、暴力に巻き込まれている教会でもありません。それは教会が教会らしくあること、つまり、あらゆる国民や人種、すべての言語や教派から集められた人びとからなる、キリストの花嫁としての教会です。

わたしたちが出会った学生の多くや若いキリスト者たちは、このような新鮮なヴィジョンを探し求めています。彼らは、慣れ親しんだ快適さという幻想を捨て、南アフリカ、ウガンダ、スーダン、シカゴ、ワシントンDC、そしてミシシッピで仕えることを熱望しています。彼らは、とてもじっとはしていられない（restless）思いでおり、わたしたちと出会う以前とは決して同じ状態ではいられなくなるのです。

それでも、和解とは、神学生やミニストリーの「専門家」、あるいは平和のために遠くまで出かけ、広く活躍する人びとのためだけではありません。この本の基本的な確信は、キリスト者のヴィジョンとしての和解とは、すべての人、場所、教会の生活に――エキスパートやプロフェッショナルな人びとが関わる領域だけではなく――訴えてくるものである、ということです。この本は、あなたがどこに住んでいたとしても、そのあなたのためのものなのです。

壊れた世界のただなかで、ふつうの人びとが神の新しい創造を探求していくこと、それがこの「和解のための資料集」シリーズ［全七冊。そのうちの三冊を《シリーズ和解の神学》として翻訳刊行］のテーマです。この『すべてのものとの和解』はその第一巻ですが［翻訳では第二巻］、本書の意図は、キリスト者ならではの和解の旅の輪郭をスケッチすることにあります。それは、まず聖書の物語を見ていき、次に嘆くことについて学び、そしてこの壊れた世界において希望とはどのように見えるものなのか、という流れになります。教会の内外で、通常行われている和解への取り組み方にわたしたちは満足していません。ですから本書では、一般に流布している和解のヴィジョンについて批判的に考えるところから始めています。

本書の全体を通して、二つの言葉――旅（journey）と贈りもの（gift）［gift は賜物と訳されることが多いが、ギフトという原語の平易さを考えて基本的には「贈りもの」と訳した］――が極めて重要となります。和解とは、旅への招きそのものです。「解決」や最終的な成果ではありません。和解とは、プロセスのことであり、継続的な探求のことなのです。

しかし、この旅に深く関わるために、わたしたちには贈りものが必要です。本書が伝えるよい知らせは、神が世界を放ってはおかれない、ということです。神は、この旅を続けていくのに必要なものすべてをわたしたちに与えてくださいます。本書の中心となる贈りものの一つは、希望――それは、わたしたちの人生の旅についての確信、現在の状況は決してあるべき状況だとは限らない、ということから生じる希望――です。それがどこであっても、世界の最も破れのある場所にわたしたちが踏み入って行くとき、神はいつも希望の種を蒔いてくださっています。この希望は、レーダー画像には映らない場所にあることが多く、たやすく見過ごされてしまいます。本書でわたしたちが分かち合うのは、神の新しい創造が侵入しているという物語であり、聖霊が世界中で何を行っているかを告げるよい知らせです。

わたしたちは、わたしたちに先立ってこの道を信仰によって歩んでいった誠実な人びとの生き方に、深い希望を見いだします。ですから、本書においてわたしたちが採った方法の一つは、和解に関わってきた主要なリーダーたちの生き方に光を当てることであり、彼らの働きから洞察を得ていくことです。したがってこの本では、いくつかの具体的な例に繰り返し触れていくことになります。

また巻末では、「神の使命として和解を回復する　一〇のテーマ」を提案しています。わたしたちの希望は、「和解のための資料集」シリーズの他の本の道案内を提供することにあります。それらは、実際の問題や課題に関して、キリスト者が描く和解のヴィジョンの様ざまな側面を探りながら、「すべてのもの」を網羅していくきっかけとなるでしょう。

キリスト者になっていく

わたしたちが共にたどった旅の一つは、デューク大学神学部が二〇〇五年に行った、ウガンダとルワンダへの「痛みと希望の巡礼」でした。二週間にわたる旅のハイライトは、エマニュエルの霊的指導者の一人、エマニュエル・ワマラ（Emmanuel Wamala）枢機卿をウガンダのカンパラに訪ねたことでした。

白いローブと赤い帽子で温かくわたしたちを迎えてくれたワマラ枢機卿は、誠実に生きる上での課題について、雄弁に語ってくれました。彼は、アフリカ人と聖書について話しながら、「わたしたちは、その書物を持っています」と語り、続けました。「けれども、どれだけ聖書について知っているでしょう？」

後になって、枢機卿はグレッグ・ジョーンズ学部長に冗談を言いました。長年、デュークはエマニュエルのことを忍耐してきたのだから、デュークは聖人に認定されるべきだ、というのです。それから、アフリカ人のカトリックであるエマニュエルがアメリカのプロテスタントの神学部にいるということを振り返り、枢機卿は印象的な言葉を発しました。「いいえ、みなさんはエマニュエルを、さらにカトリックにしたのではありません。そうではなく、さらにキリスト者にしたのです」。

そうです、この世界の破れのただなかで、誠実な巡礼者になっていくことを学ぶとは、さらにキリスト者になっていく、ということなのです。ルワンダのことわざに、次のようなものがあります。「早く行くには一人で行け。遠くまで行くにはいっしょに行け」。分断を超えていっしょに歩んでいくための余地を空けておくために、いったいどのようにしてスローダウンするのか、ということを学ぶとき、わたしたちはキリスト者になっていくのです。

それがこの本の語ろうとするところです――スローダウンすることで、キリスト者はさらにキリスト者になっていくのです。

⚜ 第1章　一般に流布している和解のヴィジョン

わたしたちが住むこの世界は壊れてしまっています。一日を新聞に目を通すことから始めようとも、静かな時間から始めようとも、わたしたちを神から遠ざけている罪、そして、人と人との間に壁を築いている罪とすぐに向き合うことになるでしょう。わたしたちの世界の壊れぐあいは、キリスト教教理の一項目に収まるものではありません。それは現実であり、わたしたちの日々の生活をかたちづくっているのです。

一九六四年、フランスのトロリー・ブレイユの街で、知的障がいのある二人の男性が、隔絶された施設で目を覚ましました。そこは、この世界から閉め出された場所で、世界がこの二人のために立ち止まることなどありません。わたしたちの大部分の成功を左右するのは経済であり、この二人は経済にとって何の役にも立たない者たちであり、社会福祉の受給者でしかないと決めつけられていたのです。そのころ、同じフランスの街に、元海軍兵であり、若手の学者として将来を嘱望されていたジャン・バニエ（Jean Vanier）という人がいました。彼はちょうど博士論文を書き終えたところでした。すべてが順調に思えたのに、バニエは孤独でした。障がい者施設にいた二人の男性と同じように、バニエもまた孤立し、自分をこのまま愛してくれる人がいるのかどうか、確信をもてずにいたのです。バニエには、施設で暮らす男性たちと分かち合うことのできる共通したものがあることなど、思いつきもしませんでした。「ふつう」の人たちと障がいのある人たちとの間を社会が隔絶していることに疑問をもつことについても、バニエは教わったことはありませんでした。

一九七〇年、ジョン・パーキンズ牧師は、白人警察官に殴られ、瀕死の状態になりました。アフリカ系アメリカ人であるパーキンズは、ミシシッピ州の片田舎の町メンデンホールの「黒人地域」に住んでおり、コミュニティーの世話役でもありました。パーキンズ牧師と警察官が同じく信じていたキリスト教は、両者の間に築かれた人種差別の壁に対して、何もすることができなかったのです。事実、この残忍な暴行の後、パーキンズ牧師には、これ以上暴力を受けないためには距離を置くしかない、と思うことしかできませんでした。この一九七〇年の出来事により、彼は白人との関わりを断つ正当な理由を得たのです。

一九七四年、陸軍兵ビリー・ニール・ムーア（Billy Neal Moore）は、休暇でジョージア州に帰っているあいだ、七七歳のフレッド・スタプトン（Fred Stapton）の家に盗みに入りました。スタプトンは侵入者の物音に気づくと、暗闇に向かって銃を放ちました。ムーアも撃ち返し、スタプトンを殺害しました。「人をほんとうに殺したなんて、とても信じられなかった」とムーアは言いました。彼は殺人の罪を認め、死刑判決を受けました。スタプトンの家族は、父、そして祖父を失い、ムーアは将来への希望をすべて失いました。ムーアを文字通りに取り囲んだ壁は、彼が自分の行為によって傷つけた人たちと二度と会うことができないようにしたのです。こうして、暴力によって結びつけられたムーアと犠牲者家族は、今度は社会によって隔絶されました。この社会には「贖い」などというものを想像することなどできませんでした。

一九九〇年、南アフリカ聖公会の白人司祭であり、当時、アフリカ民族会議のチャプレンでもあったマイケル・ラプスレー（Michael Lapsley）司祭は、アパルトヘイト政府内から届いた手紙の封を開けました。仕込まれていた爆弾が彼の両手と片目を吹き飛ばし、鼓膜を破りました。ラプスレーは忍耐強く何年にもわたって正義のために働きかけてきましたが、彼を反逆者と見なす南アフリカ在住の白人たちに裏切られる結果となったのです。彼は、境界線を渡ろうと努力し、人びとを分断させる力と向き合ってきました。ラプスレーは、南アフリカがアパルトヘイト政策を乗り越え、白人も黒人も平等に受け入れる社会を思い描いていたのですが、それはあまりに理想に過ぎたことだったのでしょうか？

ウガンダの北部、世界で最も暴力的な状況が緊迫している（そして最も語られることのない）地域に住む家族たちは、恐怖にさらされて暮らしていました。一三九人の子どもたちが「神の抵抗軍」［一九八七年に結成された反政府武装勢力］によって学校から拉致されたのは、一九九六年のことでした。連れ去られた子どもたちのなかには、助産師であり看護師であるアンジェリーナ・アトヤム

(Angelina Atyam）の一四歳になる娘もいました。アトヤムには、二度と娘と会うことはできないとわかっていました。このことが起こる前から、何千人もの親たちが、変えることのできない残酷な現実に、それでも諦めるほかなかったのです。アトヤムは怒ってしかるべきでしたが、変化への希望を抱く余地などほとんどありませんでした。

わたしたちのみながみな、戦争や残酷な人種差別という暴力といった大きなスケールのトラウマを経験しているわけではありません。しかしそれでも、わたしたちはみな、破れと分断を味わっています。離婚、虐待、社会の不公正、コミュニティー内での衝突、あるいは、それぞれの家族においてさえも。わたしたちは、壊れた世界で共に生きています。わたしたちに癒やしが必要であることを知るのに、長い歳月は必要ありません。わたしたちには和解が必要です。わたしたちのこの世界が壊れてしまっていること、そして修繕される必要があることを、わたしたちは自分の体験から知っているのです。

しかし、問題はさらに深くにあります。わたしたちが同時に思い知ってきたのは、この世界の問題を修繕しようとすると、さらに破れの深みが顕わにされていくということです。最もひどい悪は、悪の名によって行われるだけではなく、破れを修繕するという名目のもとで「十字軍」に加わることによって行われるのです。虐殺とは、他民族の集団から社会を「洗い清める」ために、人間をまるごと排除しようとする企てです。戦争が行われるのは、いつも平和のためです。人間関係においても、わたしたちが友人に対して実に手厳しく接するのは、その友人を正さなければならないと考えたり、自分を守る必要があると感じたりするときなのです。

わたしたちは知っています。この世界が壊れてしまっていることを。そして、わたしたち自身もひどく壊れてしまっていて、自分たちの手では修繕することもできないことを。わたしたちは、現実主義者の詩を子どもたちに教えます。

ハンプティ・ダンプティ　へいにすわった
ハンプティ・ダンプティ　ころがりおちた
おうさまのおうまをみんな　あつめても
おうさまのけらいをみんな　あつめても
ハンプティを　もとにはもどせない

［童謡「マザー・グース」より。谷川俊太郎訳による］

しかし、ハンプティ・ダンプティが唄う現実主義のなかから、わたしたちは問います。「だれか、わたしたちを直してくれませんか？　わたしたちの目の前に広がる、壊れた風景の向こうに、いったい何があるのですか？　そこにだれがいるのですか？」、と。

現代世界では、和解を求めるときでさえ、この問いを括弧にくくって隠そうとします。わたしたちは、宗教の違いから争いが生じかねないことに気づいています。ですから、人間として共通する体験の向こうにあるものに言及することをしないまま、なんとか共通点を見いだそうとするのです。このことが、「和解」を実に一般的でありながら、しかも救いようのないほどに漠然とした（それゆえ、ますます役に立たない）概念にしてしまっています。それゆえ、ある人たち（特に、重大な不正によって苦しんでいる人たち）は、人間同士の争いにおいて和解は正しい目的ではない、と主張せざるをえなくなるのです。「いったいこれまで、われわれが一致できたことなどあったか？」、彼らはそう問うのです。

「向こう」(beyond) について、はっきり言及することがなければ、根本的な変化は可能であるとの希望は、結局は具体的なかたちをとることのない和解に留まるでしょう。ここでわたしたちは、次のことを明確にしておきたいと思います。わたしたちが「向こう」(beyond) について語るとき、それは、神を意味しています。その神とは、聖書に啓示されている神、つまり、全世界の創造主であり贖い主である方、また、イスラエルの神であり、十字架につけられたイエスを死人から復活させた神です。キリスト者が描く和解のヴィジョンには、神学的な土台が必要なのです。しかしそれだけではありません。向こう (beyond) という言葉は、和解とは旅であり、わたしたちのヴィジョンを超えたもの、わたしたち人間の行為や戦略やプログラムを超えたものであることを思い起こさせてくれます。神が望み、神が描いておられるヴィジョンは、わたしたちが望み、わたしたちが描いているヴィジョンを超えたところにあるのです。和解とは、ただ単にわたしたちが働きを積み重ね、その結果として訪れるものではありません。同時にそれは、特殊な贈りものでもあります。わたしたちは神の民の物語のなかへ踏み込みながら、この贈りものを受け取ることを学んでいくのです。このようにはっきり神の物語に言及する、ということこそ、今日一般に流布している和解の解釈に欠落しているものなのです。

あちらこちらで語られるようになった和解

和解は、昨今人気の概念になっており、政治のレトリックや、多くの政府の社会政策としても用いられています。南アフリカで見事に成功を収めた真実和解委員会（Truth and Reconciliation Commission）は、紛争を経験した多くの社会（ルワンダ、ボスニア、そして、米国南部の町がそうです）の心を捉え、このような委員会を自分たちの国やコミュニティーに設置する価値やその可能性が議論されるようになりました。学問の世界においてもますます和解に関心が注がれるようになり、先に広がりをみせていた「平和学」のプログラムの一環として、「和解研究」の学位論文が執筆されたり、そのようなセンターが立ちあげられたりしています。世界の様ざまな紛争地域にあるキリスト教関連組織や他の非政府組織（ＮＧＯ）が、和解に向けた取り組みをしていますし、そこでは、和解を自分たちの働きの目的の一つに掲げるキリスト教宣教団体も歩みを共にしています。

おそらく、和解が共通の目的に設定されるようになったことは驚くことではないでしょう。冷戦の終結は、多くの人たちが望み続けてきたような新しい平和秩序を世界にもたらしてはくれませんでした。むしろ反対に、富裕層と貧困層が両極化した世界において、分裂、戦争、暴力、市民のあいだでの不安が続いています。民族的アイデンティティーや宗教的アイデンティティーが強調される一方、文化のつながりや家族の絆は崩壊しているように思えます。このように、分裂し、壊れた世界において、和解とは、平和、連帯、そしてよりよき世界にいくばくかの希望を置きながら叫ばれるスローガンなのです。

和解は、あちらこちらで人気を博すようになるとともに、まるで延々と大皿が並んだビュッフェ会場のようになってしまっています。政治の実力者たちからマイノリティ・グループに属する人たちまで、どんな人であっても、そこから自分の好みを選び取ることができるのです。その結果、和解は不明瞭なものとなってしまっています——そして、それとともに、和解があちらこちらで語れることで、結局は何も意味しなくなっている危険があります。できるだけ広く有権者にアピールしようとして、和解という言葉をひとり歩きさせ、結局は和解が導くはずの生活と社会に対する明確なヴィジョンには言及することもないのです。

わたしたちは多くの和解の出来事に立ち会ってきました。そこで人びとは涙を流し、抱擁を交わします。しかし、そうしたイベントが終わると、いつも問わざるをえません。「その次は？」と。人びとは、たいていいつもの生活に戻っていきます。和解のヴィジョンを持続させるために必要な生活パターンや社会構造とは、いったいどのようなものであり、それはいったいどこにあるのでしょう？　もしもそれらがなければ、和解はただ一回きりのイベントに過ぎないものになってしまいます。わたしたちが問いかけたいのは、こうです。「いったい何に向かっての和解なのか？」。

個人の救いとしての和解

神との正しい関係を強調することは、キリスト者の和解のヴィジョンにおいてとても大切です。信仰をもって神に服従するとは、それまでとはまったく異なる新しい生き方に招かれることです。それは、神と共に旅することであり、わたしたちの願いが神の願いへと次第に変革されていくことなのです。

しかし、現代において最もエネルギッシュに活動しているキリスト者たちのあいだで広まっている考え方があります。それは、聖書が呼びかける和解とは、ただ神と人との関係のことであり、社会の現実については何も語ってはいない、というものです。このような見方によるなら、説教、教え、教会生活、宣教のわざ、それらはすべて人と神とのあいだの個人的《パーソナル》な関係のことだとされます。キリスト者のエネルギーは、回心者を獲得すること、教会を開拓して成長させること、そして福音伝道に向けられます。以前、牧師たちがこのように言うのを聞いたことがあります。「あなたたちのお働きには感謝しています。けれども、わたしの教会のリーダーとして、わたしは福音に集中し続けるようにと召されているので、その他の宣教のわざ（ministries）に気を取られたくはないんです」。彼らにとって、キリスト教とはもっぱら個人的な信心と道徳のことなのです。

和解について、同系統に属するもう一つのタイプの解釈は、爆発的な勢いをもって、説教と教えを、個人的な繁栄を保証することに集中させるものです。『富の福音』［アンドリュー・カーネギーの著作。著者はアメリカに移住した極貧の家庭で育ち、やがて実業界で「鉄鋼王」と称されるまでの成功を収めた。一八八九年に刊行された同書は今なお版を重ねて読み継がれている］は、アメリカでよく売れていますが、アフリカではさらによく売れ、実に多くの人たちをひきつけています。わたし（エマニュエル）が、ルワンダのある牧師と話したとき、キガリ郊外にある彼のメガチャーチの成長について実に情熱を込めて語ってくれました。しかし、彼の国でついこのあいだ起こった大虐殺については何も語りませんでした。この牧師は、神が自分の教会員たちを祝福していることへの自信に満ちあふれ、自分の国のキリスト者同士のあいだで最近起こった暴力の歴史にふれることなど大切ではない、と考えていたのです。

ある人たちは、これを正しくも「逃避の福音」（gospel of evacuation）と表現しました。この偽りの福音が約束するのは、死後の永遠の幸い、あるいは、個人的な幸せの祝福、そのいずれかであり、それらは社会の現実の変革と結びついたものではありません。わたしたちは、世界中から集まった数多くのキリスト者リーダーたちと共に、次のように述べたことがあります。「福音の伝達と教会の働きが行われるのは、歴史からかけ離れた清流においてではない。そうではなく、それが行われるのは、毒に満ち、泥だらけになって汚染されたこの世界の歴史のただ中である。われわれは、破れをもたらしているものすべての要因――個人的・社会的・霊的要因――を識別し、それに直面しなければならない」[1]［二〇〇四年秋にタイのパタヤで開かれたローザンヌ世界伝道委員会主催「ローザンヌ・フォーラム二〇〇四」の報告書に、クリス・ライスが記した文章］。

個人主義的キリスト教の問題は、「記憶を欠如した和解」とわたしたちが呼ぶところにあります。この世界にある様ざまな傷を無視し、平和のないところで平和を宣《の》べ伝えるのです（エレミヤ書八・一一）。この浅薄なキリスト教は、それぞれの土地の固有性、つまり、傷と分断と抑圧の歴史と真剣に向き合おうとはしません。あまりにも早急に過去を捨て去り、胸を張って新しい将来を探求するのです。退避としての和解は、福音を社会の現実から分離し、混乱した世界を社会団体や政府の手に任せっぱなしにしておきます。その結果は二元論的神学であり、キリストへのうわべだけの信従であり、そこでは個人の救いを社会の変革から切り離してしまうのです。

多様性を賞賛するものとしての和解

今の時代、最も広がり、重んじられている理解の一つは、和解とは、多元的世界において多様性を促進していくことである、とする考え方です。世界がますます近くなり、それぞれの同一性や相違性をめぐるぶつかり合いが高まるなか、しかも、以前にも増してわたしたちすべてが自分たちのあいだでも他民族という「ストレンジャー」の存在と顔を合わせるようになってきているなかで、多くの者たちが人と人を結びつけてくれる共通の場所を捜しています。アメリカの大学にはほぼ例外なく「多文化センター」が設置されています。多様性を促進するとは、優れたビジネス感覚を養うようなものです。和解とは、互いの違いを賞賛したり、制度を整えて社会をさらに「包摂的《インクルーシブ》」なものにしたりすることと同意語となっているのです。

このような考え方がもたらすプラスの面は、多様性と多文化主義に焦点を当てることで、違いは脅威ではなく、わたしたちが共に生きる上での賜物《ギフト》であることを知らせてきたことです。社会、歴史、文化、民族が当然違っているのに、それがどんよりとした画一性へと解消されてしまうなら、なんとつまらないことでしょう。それは色のない世界、灰色に沈み込んだ世界です。もしも、そのような世界が実在したとしても、だれもそこに住みたいとは思わないでしょう。色、歴史、地理、文化、そのようなユニークで特色のある数々が、人生を興味深いものにしてくれるのです。

問題が生じるのは、それぞれのグループが、自分たちのアイデンティティーが守られていさえすればそれで十分である、と考え始めるときです。さらに言えば、はっきりとした「向こう」(beyond) を欠如したままでは、いったい多様性にはどのようなほんとうの意味があるのか、いったいそれはだれの思いに益することであるのか、いったいそれが何を目指しているのか、いったいなぜそれがよいものであるのか、ということは明確にされません。キリスト者にとって「和解」という言語は、歴史的現実や社会的現実にではなく、神学に根ざしています。和解のヴィジョンは神の物語に根ざすものであり、それは、多様性をただ単に肯定するだけではなく、それが創造における神の目的の一部であることを明らかにします。わたしたちが異なる賜物と共に創られているのは、キリストの体において異なる役割を担うためなのです (Ⅰコリント一二・一二―三一)。また同時に、神の物語は、わたしたちがもっている誠実さとか真心というものは、神に対するアダムとエバの反抗によって、いかに危ういものとされているかを明らかにしています (創世記三章)。もしも、この世界に賞賛されるべき多様性が湛えられているとするなら、その多様性は、分裂と不正と権力争いとによる長い歴史のゆえに深刻な混乱状態にある、とわたしたちは強く主張したいと思います。

ここに、「多様性」とか「包摂的《インクルージョン》」ということに限定された和解のヴィジョンが、そこからさらに前に進んでいかない理由があります。このような行き方は、利害を共有する集団がさらに権力を得ようと争う根城とされてしまいやすく、自分たちの民族やジェンダーや文化を優先することが目的となり、さらにそれを超えたヴィジョンを示してくれません。多様性には、個人、文化、国家の深いところで払われている犠牲――たとえば、見知らぬ人によって変えられ、敵と関わり、痛みを連鎖させないために自分で引き受けるというようなこと――に価値がある、とさせるようなヴィジョンをもたらすことはできません。「多様性」が、互いの違いについては基本的に口をつぐむことで築かれた安価な連合体となってしまうことがあまりにも多いのです。たとえば、諸宗教間の取り組みでも、すべての宗教は基本的に同じだとすることから出発することがあるように。多元的な世界において共に働くための正しい道は、互いの違いについて沈黙することではなく、自分たちがいったいどのような確信のもとでこの世界を見ているかを誠実に分かち合い、そのことが導く共通の基盤を尋ね求めることにあるのです。

不正義に言及するものとしての和解

一般的に広まっているもう一つのヴィジョンは、同じひと息で「正義」について語ることがなければ、和解を語るべきではないと主張するものです。ときには、正義が和解よりも先に来なければならないと主張されることさえあります。このような主張の根底にあるものは容易に理解できます。しばしば和解が、「みんなで仲良くやりませんか？」というように単に感情に訴えるものとして、あるいは、権力をもつ人たちが、正義を求めてくる厄介な要求と向き合わないですませながら

「先に進む」ためのアジェンダとして利用されてきたからです。

いったいだれが「和解」を語っているのか、いったいその人たちがどのような意味でそうしているのか、そして、いったいその人たちはどのような体験と物語を背景にして話しているのかに、多くがかかっています。「正義なくして和解なし」という考え方は、政治の面でも、歴史の面でも稚拙な和解のヴィジョン、つまり複雑なプロセスや長い歴史を考慮しない和解のヴィジョンに抵抗しようとしてのことなのでしょう。自分たちはだれなのか、という意識は、過去や、過去に生じた数々の争いと結びついているのです。

以前、わたし（クリス・ライス）がヒューストンで開かれた黒人牧師たちの集まりで民族間の和解の話をしたとき、このように言った人がいました。「いいかい、解放運動と切り離して和解を語ることはできないんだ」。そして、その牧師は、ヒューストンにおいて、公教育政策が歴史的にどのように行われてきたかを語り続けました。そこで彼が指摘したのは、そのとき話題となっていた問題、つまり、学校債を発行することの是非をめぐって白人と黒人の関心は分かれており、そのため投票もどれほど異なっているかということでした。新しい関係を求める上で、現実の力関係を軽視するべきではない、ヒューストンの町で民族間の新しい将来を求めるとき、こうした問題が机上に置かれる必要がある、それが彼の語ったことでした。

和解のことだけが語られるとき、そして、特にそれが「過去は忘れて先に進もう」という響きを立てているとき、それはある特定のコミュニティーの将来だけではなく、個人のアイデンティティーまでも脅かします。マーティン・ルーサー・キング・ジュニア（Martin Luther King Jr.）は、アフリカ系アメリカ人を権力の中に参入させることが必要なのであり、外側に置かれてはならない、とよく語りました。このことを、マイノリティ・グループは特によく感じています。彼らは、「平和がないのに『平和、平和』」（エレミヤ書八・一一）と語る偽預言者がどれほど危険であるかが、身に染みてわかっているのです。

また、他の人たちにとって、正義を和解に先立つものとして理解することは、この世界は深刻な堕落状態にあるという信仰、そして、その信仰から来る政治的現実主義《リアリズム》と結びついています。人間が企てるところはすべて罪の性質を帯びていると前提するなら、戦争や紛争はこの堕落した現実に対する不可避な帰結であると、多くの人たちが信じています。敵はいつまでも存在する、というわけです。わたしたちは、あらゆる敵とのあいだに和解が成立する完全な世界を建設できると強がるよりも、悲劇的な事実を受け入れ、政策を立案したり、組織を立ち上げたりする努力に集中するほうがずっとよいし、そのことによって「最大多数のための最大の善」がわたしたちに保証されるでしょう。正義とは、その約束をしてくれるものだ、というのです。

疑うべくもなく、正義を非常に重視することは、極めて重要です。正義とは、この世界における悪と罪に対する真実を問うものであるからです。しかし問題は、それがいったいだれにとっての正義であるのか、という点です。正義の定義は、必ずしも自明ではありません。もしも、正義が道理の通ったこと、あるいは、新しい人間関係のヴィジョンを導くものであるとするならば、正義には物語が必要なのです。たとえば、「主の食卓」における正義とは、単なる懲罰や報復の正義ではありません。そうではなく、それまでバラバラにされていたものが一つにされるために、犠牲をともなう聖餐の交わり《コミュニオン》というヴィジョンのもとで行われたのでした。

したがって、もしも、罪深い世界に生きることにはいつでも限界というものがあると語る「現実主義《リアリズム》」があるとするならば、それと同時に、変革をもたらす「現実主義」もあるのです。それは、イエスを死から復活させた力という秘義からくる現実主義です。不正行為は、罰せられ、悔い改め、公にされ、非難され、罪に報いることを求められるようになるでしょうが、それでも、その行為をなかったことにはできません。どのような正義の行いも、誘拐された子どもに対する悲惨な喪失感や、瀕死に陥るまで殴られたことで刻まれたトラウマの埋め合わせをすることはできません。純然な「現実主義」による正義のヴィジョンにおいては、「仕返し」こそ採るべき道であり、赦しなどというものはまるで甘い考えだと思われることでしょう。

和解への問い、そして正義を行うことへの問いは、真実への問いと密接につながっています――それは、「何が悪かったのか」「どのようにして修復されるのか」といったことについての真実だけではなく、そのことに価しない人間を、すべての過ちにもかかわらず神が犠牲をともなって抱きとめてくださっているという真実です。キリスト者とは、この世界のただ中で、自分の人生が印となり、パン種となり、神の恵みの真実を指さす存在となるようにされた民なのです。キリスト教伝道において、記憶を欠如した和解はふさわしくはありません。それは、あまりにも早急に過去を片づけ、誤ったことをしても決して悔い改めない人びとに安価な恵みを差し出しているのです。

しかし、その反対の極には、歴史における不正義がどのような構造的な結果を生み出しているかを、洗練されたしかたで教えようとする行き方があります。しかしそこでは、コミュニティーにおけるこれからの新しい歩みへのヴィジョンや、歴史的に敵対してきた人びととのあいだのこれからの友情に目が向けられることはありません。わたしたちはこれを「交わりのない正義」(justice without communion) と呼んでいます。敵対する人びとと共にいのちを分かちあっていくこれからの歩みには、共に語りあい、心も精神も願いも変革されていくような、長い旅が必要なのです。そのような未来は、理屈に合わないほどに高価なものであるように思えるかもしれません。しかし、イエスの物語が絶えず思い起こさせてくれるのは、わたしたちは原因と結果という論理によってではなく、むしろ、死から復活へという順序に従う秘義によって生きている、ということなのです。

消火活動としての和解

いったいどこに導かれるのか、という明確なヴィジョンがないとき、和解とはもっぱら、分裂や争いにとって緊急のニーズ――避難させ、仲裁し、支援し、紛争を解決する――を語るだけのものとなってしまいます。思い浮かぶのは、消火活動の――地域や国家全体の紛争、分裂、戦争、破れを現実的な方法で「消火する」（あるいは、少なくとも最小限に留める）ことに努める――イメージです。消火活動においていつも必要なのは、より多くの水であり、よりよい装備であり、より有能な消防士たちです。つまり、よりよいテクニックに焦点が当てられるのです。その結果、和解のプログラムや取り組みや研究は、スキル、プロセス、ストラテジー、そして紛争が起こっている場所に向けたハウツーガイドを開発し、提供することに集中することになります。和解とは「専門家」だけが取り扱う領域になるとともに、わたしたちは「平和を構築する人」（peacebuilders）や「和解をもたらす人」（reconcilers）というプロフェッショナルをますます当てにするようになっていきます。

このことは、暴力抑制への取り組み、飢えた人びとへの援助、心の弱った人びとの癒やし、争う人びとの調停、そして、歴史的に敵対してきた人びと同士のあいだでの協調的交渉術の働きでもそうです。こうした慈善行為は切実に求められています。このような働きを担い、支えることは、キリスト者のヴィジョンの中核でもあります。多くのキリスト者たちがこうしたことに携わるだけではなく、世界のあらゆる場所で、政府レベルから草の根レベルにおいてまで、リーダーとして先頭に立っています。キリスト教は、この壊れた世界において慈しみと正義、赦しと真実を語るわざに必要な深い動機を与えるものだ、とまで言う人たちもいます。

しかし、このような社会からの要望に仕えるなかで、キリスト教は、ＮＧＯや政府による外交交渉と同じ目的を達成するもう一つの手段となりかねません。もしも逃避としての和解が、福音と社会の現実のあいだを切断してしまっているとするなら、消火活動としての和解は、教会を社会の福祉機関の一つに変えてしまっているのです。しばしば不明確なままであるのは、和解とはどのようなものであるか、ということについて、キリスト者の信仰と行いが何らかの違いをもたらすのかどうか、という点にあります。「何を目指しての和解なのか？」という決定的な問いに対して、教会は、教会独自の答えを示しそこなっています。

　せいぜいキリスト者の信仰とは、よりよい消火活動をさらに行っていくためのもの、つまり、交渉事と政治の世界で「ほんもの」のプロたちが目指しているのと同じ目的に仕えるうえで、動機を与えてくれるものとしてしか見られていません。他の人たちが火を消しているなか、教会は救急車を運転しているのだ、というのです。キリスト者が信じている事柄は争いのただなかに癒やしをもたらし、あるいは現実の場所において人間に繁栄をもたらすものである、という独自のヴィジョンを示しているようには思えません。それは今なお、炎や水、ホースや救急車を扱う世界と同じレベルなのです。

　わたしたちが必要としているのは、単によりよい道具やテクニックではありません。ほんとうに必要なのは、別の世界が可能であるということを思い出させてくれる物語です。すばらしいことに、神の物語はまさにそれをわたしたちに与えてくれます。この世界の深い破れのただなかに、神の国が侵入してきて新しい可能性を創造するのです。

フランスの小さな町に、知的障がい者と孤独な学者が別々に住んでいました。その教区の司祭は、ジャン・バニエにひと言、牧会的な導きをしました。バニエは司祭に、自分は人生において何をすべきですか、と尋ねました。すると司祭は言いました。「二人の障がいのある男性を呼んで、いっしょに生活してごらんなさい」。この信頼ともてなしの小さな行為によって、最初のラルシュ（箱舟という意味）共同体が産声をあげました。今日では、約一三〇のラルシュ共同体が世界中にあり、何千人もの障がいのある人たちと長期にわたってアシスタントをつとめる人たちが、地域や町のなかにある家族のようなホームでいっしょに日常の暮らしをしています。ラルシュは、たしかに、障がいのある人たちがこの社会で十分に可能性を発揮できるように援助をしているのですが、その一方で、バニエは、彼らに与えられた使命の中核は、障がい者と「今のところは障がいのない」人たちとの「交わり」(communion) である、と語っています。いっしょに食事をし、互いが互いを変えていくプロセスを通して、相互にある孤独を乗り越えていくのです。

ジョン・パーキンズには、殴打による瀕死状態から回復していくなかで、考える時間が与えられました。病院のベッドで横になり、もう白人との関係を断つしかない、と心に決めたのです。しかし、そこに神が介入してこられました。ミシシッピ州中心部に、人種を超えたコミュニティーを築くというヴィジョンが与えられたのです。それから四〇年以上も、「日曜日はアメリカにとって最も人種間の分裂がはっきりする時間である」という決まり文句［アメリカの大部分では、人種ごとに異なる教会に集っている］に抗してパーキンズが立ちあげた、教会とコミュニティーを啓発する組織である「カルバリーの声」（Voice of Calvary）は、人種の壁を超え、貧富の境界を超えて、生き生きと歩み続けています。また、このヴィジョンによって触発された多くの人びとが、アメリカのインナーシティにおいて［都市の中心部のこと。富裕者層は都市郊外に暮らし、貧困者層が居住していることが多い］、同じような愛の共同体をつくりはじめ、何千人もの人たちが「キリスト者共同体推進協会」（Christian Community Development Association）と呼ばれる運動に加わったのです。

ビリー・ニール・ムーアが牢獄で、死刑判決が予想される裁判を待っていたとき、ある牧師がムーアに福音を語りました。それは、主イエスはあなたを愛しており、また、あなたの罪を赦したいと願っている、という言葉でした。ムーアは、だれも贖いの恵みから漏れることはないことを知ったのです。彼は、被害者の家族宛の手紙を牢獄から書き、赦しを求めました。驚くことに、すぐに返事がきました。そこには、自分たちもまたキリスト者であり、ムーアを赦す、と書いてありました。それからその家族は、ジョージア州の更生保護委員会に、死刑判決を減刑するように申し立てることを決めました。一九九一年、ムーアは、神と犠牲者の家族からの憐れみによって変えられ、仮釈放されました。ムーアは、「わたしが釈放されたとき、あの人たちはわたしのことを兄弟のように抱きしめてくれました」とスタプトンの家族について語りました。それ以来、ムーアは、赦しの福音を学校の子どもたちや教会のグループに向けて語り続けています。(2)

爆弾によって死に直面する重傷を負い、その後遺症に苦しむなか、マイケル・ラプスレーは、神が与えてくださる本当の希望を見出そうともがいていました。それは、隣人と関わりをもつことよりも殺すことを選択してしまう人びとに、神が与えてくださる希望です。ラプスレーは、わたしたちが思い描く将来は、過去をどのように記憶しているかということと関係していることを知り、「記憶の癒やしのための研究所」(Institute for the Healing of Memories)を南アフリカに設立しました。同研究所のリトリートセンターでは、様ざまな肌の色、様ざまな背景をもつ何千人もの一般の南アフリカ人が、集中した週末の時間を共に過ごし、自分たちが受けた暴力や別離による傷を癒やしてきました。ラプスレーが重症を負った一九九〇年当時には想像もできなかった社会で生活できるようになったにもかかわらず、今でもそのセンターは、すべての南アフリカ人が新しい将来を思い描くために集まる場所となっています。

わたしたちは、アンジェリーナ・アトヤムの話の続きを決して忘れることはできません。娘が誘拐されたとき、彼女は、黙り込むことをしませんでした。アトヤムは誘拐された娘をもつ母親たちと共に、「当事者の親の会」(Concerned Parents' Association)を立ち上げました。この会は、娘たちを誘拐した人たちに対して子どもたちの解放を求め、しかも、それまでとは異なるアプローチをもって訴えました。「わたしたちのメッセージとは、無条件の赦しと和解です」とアトヤムは語りました。「わたしたちは、すでに彼らを徹底的に赦しています。わたしたちには、次の章を書き始めることができるのです。そうするのは、今生きている子どもたちのためです」。彼女は続けます。「わたしはもう三年以上も待っています。もっと長く待っている親たちもいます。戦争はもううんざりですし、子どもたちにはもっとすばらしい人生が必要です。復讐について言えば、それは燃える炎にガソリンを投げ込むようなもので、そんなことはわたしたちにはできません。もしもそのようなことをしたら、今度はわたしたちが、彼らのようになってしまうでしょう。このように言えるのは、わたしたちはずっと痛みの中心にいるからです(3)」。

痛みの中心に神は侵入し、新しい創造が始まっていることを告げられます。ひどく壊れてしまった状況にあって、ここに挙げた五人の人生が支えられました。それは、神に対する特殊な確信、そして、壊れたこの世界のただなかで働かれる神の和解のわざのゆえです。このような確信を脇にどけてしまえば、彼らの旅は、この世界で何の意味もありません。この世界では、際限なく続く「目には目を」というサイクル、そして自己利益を求める集団こそが、規範的価値を持っているからです。これら五人がたどりはじめた旅には、独特な和解のヴィジョン、人間たちが活躍している通常の領域の「向こう」(beyond)から、いったいどういうわけか受け取られたヴィジョンが具現化されているのです。

本書は、他のものとははっきり異なる和解のヴィジョン、イエス・キリストにおいて、すべてのものを和解させる神の和解というヴィジョンの秘密を明らかにしようとするものです。わたしたちの教会や社会で一般に流布している和解のヴィジョンでは不十分なのです。なぜなら、そのようなヴィジョンでは、ジャン・バニエ、ジョン・パーキンズ、ビリー・ニール・ムーア、マイケル・ラプスレー、そしてアンジェリーナ・アトヤムに起こった物語から意味を見出すことはできません。わたしたちには新しい和解のヴィジョンが必要であり、そのヴィジョンを、神は聖書という特殊な物語においてすでに与えてくださっているとわたしたちは信じています。しかし、わたしたちは、その音色が心地よいから、あるいは他の選択肢では満足できないからといった理由で、それを信じるのではありません。わたしたちがそれを信じるのは、人びとの生き方や、和解の働きによって一変させられたコミュニティーを通して、この目でそれを見てきたからであり、自分たちがこれまで歩んできた旅のなかで、実際にそのヴィジョンを体験してきたからです。わたしたちがそれを信じるのは、この神の物語に捉えられてしまっているからであり、しかも、壊れたこの世界のただなかで、今も物語が続いているからです。

そこで、わたしたちは、一般に流布しているヴィジョンの世界から一歩さがり、ごいっしょにこの物語を再発見するように、皆さんをお招きしたいと思います。きっと、神の新しい世界とはいったいどのようなものであるかを、皆さんに身近な破れの中にあっても、垣間見ることができるでしょう。まず、神の新しい創造の物語をごいっしょに思い出すことから始めていくこととしましょう。

1　「神のミッションとしての和解」次の場所に掲載されている。"Reconciliation as the Mission of God" <http://www.reconciliationnetwork.com>.［現在リンク切れ。次の箇所から要約を読むことができる。http://www.lausanne.org/content/reconciliation-as-the-mission-of-god-an-excerpt］

2　Robin DeMonia, "Preacher's near-death experience," *The Birmingham (Ala.) News*, November 28, 2007, 9A［ロビン・デモーナ「死に瀕した説教者の経験」、『バーミンガム・ニュース新聞』二〇〇七年一一月二八日号より］

3　デューク大学神学部における、二〇〇八年五月一四日の講演より。

第2章　一歩さがってみる——神の物語のゴールとしての和解

わたしたちの世界の破れは、バラバラになってしまった結婚生活や家族のように個人的であり、裕福な人にも障がいのある人にも共通する孤独のように隠されており、そして、ミシシッピ、南アフリカ、ルワンダ、北アイルランドなど、長期に分裂したままの集団のように広大です。しかしそのなかで、わたしたち自身やわたしたちの関心よりもずっと大きなヴィジョンが存在していなければ、この壊れた風景における和解の意味は薄められ、一般受けはしても漠然とした道徳訓になってしまいます。そうして和解とは、個人的な救い、単に多様性をほめそやすこと、不正を明らかにする手段、あるいは、争いという炎を消す方法と同意語になってしまうのです。

和解という言葉から様ざまなヴィジョンが描かれ、それがまた和解をめぐる問題を引き起こしてきました。しかしそれにもかかわらず、わたしたちは和解という言葉を用いることから尻込みすることはできません。キリスト者は、和解とは神から与えられる贈り《ギフト》ものであると信じています。それは、壊れたこの世界に与えられている「神の言語」です。わたしたちは、この言葉を用いることから撤退してしまうのではなく、これら一般に流布しているヴィジョンが不十分であるということによって、むしろ、それではなぜキリスト者たちが和解に関心を向けるべきなのかという理由を新鮮に説明するように――「向こう」(beyond) ということに立脚し、しかもこの世界のなまなましい破れと真正面から向き合った説明をするように――求められているのです。

一歩さがることの必要

なぜキリスト者は和解に関心を向けるべきなのか、ということを理解するために、わたしたちを支配している思い込みから一歩さがってみることが必要です。それは、和解とは、個人の救いのみに関連したこと、あるいは、調停や紛争解決に関連したことである、という思い込みです (このために、現実逃避による避難、あるいは緊急の消火活動というイメージが支配的になっているのです)。この世界が様ざまなしかたで壊れてしまっている様相を思うと、社会の現実から身を隠すか、もしくは、行動を起こすか、そのどちらかを選択することが緊急に必要だと感じます。そのために、一歩さがってみようという呼びかけは、もう一つの現実逃避のすすめであるかのように誤解されるかもしれません。最近のことですが、この世界におけるキリスト者の和解のヴィジョンやそのヴィジョンの具体的なかたちについてわたしたちが話したとき、同僚の一人が優しく忠告してくれました。「炎は、あちらでもこちらでも猛烈な勢いで燃えている。必要なのは、消火のための水だよ。空疎で、気晴らしの神学的議論ではない」。

しかし、消火活動という支配的なアプローチから一歩さがってみることは、見当違いなことでも不適切なことでもありません。まったく逆です。キリスト者にとって、この世界で、いかに見るのか、いかに行動するのかということから一歩さがってみる能力は、わたしたちの信仰を実践していく上でとても大切なことなのです。なぜなら、この世界はわたしたちによってではなく神によって始められたということを、まさにわたしは信じているからです。簡潔に言えば、キリスト者は、炎の世界を超えた世界がある、と強く主張します。わたしたちは、「向こう」(beyond) という世界の必要性を主張することに立ち返ります。もしもキリスト者が、炎と消火活動という世界のあり方を、神の物語ともう一度結びつけ直すべきであるとするなら、この世界から一歩さがってみることは極めて重要です。このような結びつきは、キリスト者が消火活動に関わっていくために適切な示唆を与えてくれるだけでなく、この世界のなかで生きるわたしたちのあり方を新しく知らせ、つくり変えてくれるのです。

エルサルバドルのオスカル・ロメロ (Oscar Romero) 大司教は次のように語りました。「ときには、一歩さがって、遠い将来を考えるのはよいことです。神の国は、わたしたちの努力の向こうにあるだけではなく、わたしたちのヴィジョンの向こうにあります。……わたしたちは労働者であって建築主ではありません。奉仕者であって救い主ではありません。わたしたちは、わたしたちの手にはない神の将来を語る預言者なのです」。一歩さがることは、この世界でいったい何が起こっているかをキリスト者に正しく見るようにさせ、炎の世界を超えた「向こう」(beyond)から訪れるヴィジョンを実現するという、新しい可能性を思い描かせてくれる能力そのものです。ですから、一歩さがる能力とは、何もしないということではなく、それまでとは違った行動——今までとは違った見方をすることであり、そのことによって、わたしたちの周りの世界と関わっていくという行動——への招きです。

それゆえ、一歩さがってみるとは、壊れた世界から撤退することではありません。この世界に対して神が思い描いておられることを受け取るようにとの招きなのです。なぜなら、キリスト者は信じています。ありとあらゆる混乱に満ちたこの世界は、それでも、神が支配され、贖い続けておられる場所であるということを。一歩さがるとは、世界の破れと神の物語をつなげていく方法であり、物語の助けを借りながらわたしたちに和解を理解させてくれる多くの贈りものを発見する方法なのです。モーセは、紅海でイスラエルの民に言いました。「主があなたたちのために戦われる。あなたたちは静かにしていなさい」(出エジプト記一四・一四)。静かにすること、それは、この世界で何が起きているかを見ることを学ぶ姿勢であり、しかも、神を信頼し、わたしたちの贖いのために神が描いておられるヴィジョンを学ぶための姿勢です。それゆえ、キリスト者の和解のヴィジョンと実践を再発見しようとするときには、スキルやリソースやストラテジーという事柄に没頭することからは一歩さがってみる、という能力がとても大切なこととなるのです。

和解にとって、キリスト者とはどのようなものであるのか？

わたしたちは次のことを確信しています。壊れた世界のなかで、憐れみと正義のわざを決して怠らないようにしたいと願う限り、神学が重要になります。キリスト者が描く和解のヴィジョンは、キリスト者が告白する神の特殊ないのちなくしては、心に思い描くこともそれを持ち続けることもできません。その神とは、生きておられるイスラエルの神であり、十字架につけられたイエスを死者から復活させた神です。主イエスの生、そして主イエスの説教が、壊れた世界にあるわたしたちの人生にくっきりとした輪郭を与えてくれるのです。

わたしたちの信仰と行いは、神に対する確信によってかたちづくられ、わたしたちの目をさらに深い希望の務めに向けさせます。それは、和解の旅とはいったいどのようなものであるのか、その旅はどこへ導くものなのか、その旅に加わる人びとは旅の途中でどのように変えられていくのか、そして、その旅は隣人や外部の人たちや敵たちに対してどのように関係するものであるのか、というヴィジョンを、この世界において示すという使命です。キリスト教とは、一般に流布している和解のヴィジョンの枠内で働くことができるように人びとを動機づけるために存在しているのではありません。むしろ、キリスト教は、この世界とその破れのただなかで、見ること、話すこと、関わっていくこと、そして、自分が変えられ続けていくことという独特な贈りものを差し出してくれるものなのです。

　このようなヴィジョンは、多くの場合、陰に隠したままにされてきましたが、わたしたちは、それが表に出されなければならないと主張したいと思います。明確な神学的ヴィジョンがなければ、和解という神の夢は、別の方法を求めながら呻いているこの世界に対して、より確かな希望を差し出すこととはなりません。はっきりと言い表されなければ、このヴィジョンを持ち続けることはできないでしょう。それは必ず、この社会を支配しているヴィジョンに取って代わられてしまいます。そうして、教会は、もう一つの社会福祉団体、あるいはＮＧＯのようなものになるか、あるいは、社会の痛みから現実逃避しているように見られていくことになるでしょう。

　わたしたちは断言します。神がこの世界に差し出してくださっている、もっと深い希望、もっと豊かな希望があるのです。それなのにわたしたちは、和解を特別な贈りものとし、希望のヴィジョンとさせる、まさにその源泉を忘れてしまっているのです。わたしたちが一歩さがってみるとき、二つのことが明らかになります。その一つは、いのちを与えてくださる神のヴィジョンは物語から生まれてくるということ、もう一つは、それは、ずっと静かな革命についての物語である、ということです。

物　語

深い希望から流れてくるいきいきとしたいのちや贈りものは、どこでも手に入るわけではありません。それらは、ある物語とつながっており、ある物語から受け取ることができるものです。

この物語のあらすじは、次のようになります。「だから、だれでもキリストにあるならば、そこに新しい創造があるのです。古きものはすべて過ぎ去った。見よ、すべてが新しくなったのです！すべてこのことは神から来るものであり、この神は、キリストを通してわたしたちを御自分と和解なさり、そして、キリストを通してわたしたちに和解の務めをお与えになりました」（Ⅱコリント五・一七―一八［新改訂標準訳聖書NRSVより翻訳。新共同訳聖書では次の通り。「だから、キリストと結ばれる人はだれでも、新しく創造された者なのです。古いものは過ぎ去り、新しいものが生じた。これらはすべて神から出ることであって、神は、キリストを通してわたしたちを御自分と和解させ、また、和解のために奉仕する任務をわたしたちにお授けになりました」］）。この物語は二つの動きから成り立っており、その順番が大切です。第一の動きでは、神についてのものであり、神がキリストにおいて行われたことが語られています。第二の動きでは、第一の動きがこの世界において、また、人びとの人生において行ったこと、つまり変革について語られています。

すでにわたしたちは、この和解についての物語から、その一方向の動きだけを読み取る誤りがわかっています。それは、ただちに自分で乗り出していくことです。行動病に感染したこの世界では、するべきことは何か、ということを最初に問うことに心が惹きつけられ、神がくださっている贈りものについて思いめぐらすこともなく、行動に取りかかります。しかし、第二コリント五章にあるこの物語は、和解とはわたしたちのものである以前に、神のものであるということを思い出させてくれます。和解は、この世における神のわざ《ミッション》なのです。和解とは、人間が必死に努力してたどり着くゴールのことではなく、神がわたしたちに受け取ってほしいと願っておられる贈りものである、ということを知ることから、和解の旅が始まります。和解という贈りものは、神による新しい創造というリアリティのなかに、他にも与えられている様ざまな贈りものとともに、そしてまた、それらを生み出すものとして、与えられているのです。

この物語のもう一つの読み誤りは、和解を垂直の動きとしてだけ、つまり、人を神へと回復するものとしてのみ理解することです。このような回復は、たしかにこの物語の中心であり、この物語がもたらすよい知らせです。しかし同時に、この物語が明らかにしているのは、和解という神からの贈りものから、ほかの多くの贈りものもまた生じてくる、ということです。そこには特別な権限の付与まで含まれています。パウロはこのように続けます。「それゆえ、わたしたちは、キリストの使者であり、まるで神がわたしたちを通して訴えるようにするのです。わたしたちはキリストの代理としてあなたたちに懇願します。神と和解をしなさい」（二〇節［新国際版聖書ＮＩＶより翻訳。新共同訳聖書では次の通り。「ですから、神がわたしたちを通して勧めておられるので、わたしたちはキリストの使者の務めを果たしています。キリストに代わってお願いします。神と和解させていただきなさい」」)。「神はキリストによって世を御自分と和解させ」た（一九節）という現実のなかでは和解という神の贈りものを垂直と水平という二方向にこぎれいに区別しても、それは粉砕されてしまいます。内側と外側、観想と行動、礼拝堂と街路、心と身体、礼拝と行動主義、理論と実践、願望と行い、説教と生活、個人と共同体、洗礼と政治、祈ることと預言すること、教会と世界についてもそうです。

神による和解のわざ《ミニストリー》は、このような慣習的な区別に挑みかかり、乗り込み、爆破します。

さらに静かな革命

一歩さがってみること、そして、和解を神の物語に結びつけることは、同時に、この世界を修復するというドラマティックなヴィジョンからわたしたちを遠ざけてくれます。このようなヴィジョンでは、まるでわたしたちの仕事は、自分の外側にある数々の問題にそれぞれの解決策を提供することであるかのようです。しかし、もしもキリスト者があらゆることを信じていたとしても、自分だけはわたしたちの世界の問題に対する汚れなき解答であるかのように、だれも——わたしたち自身も教会も含めて——破れと無関係な場所にいるわけではありません。新しい創造は、古いものと相争っているのです。善と悪を区別する境界線は、わたしたち一人一人のただなかにまっすぐ引かれています。ですから、和解の旅は、人が変革されることから始まります。

聖書の様ざまな物語は、和解とは、変革という高価な犠牲を払う旅であり、しかも、消火活動にあるような希望（ただし、はるかに深みのある希望）もそこに含まれていることを指し示しています。和解の旅とは、静かな革命であり、時をかけて形をとりながら、それぞれの地域において、希望の印を通して、突然現れ出ます。新しい創造という神からの贈りものに立脚するキリスト者のヴィジョンは、和解とは究極的には、日々の生活が変革されることであると主張します。それは、静かな革命であり、時をかけながら起こっていきます。日々を生きる人びと、日々の教会、日々の生活地域、最も壊れてしまった場所でありながら神が支配しておられるこの地のただ中で、それは起こっていくのです。

わたし（クリス）が、最初にミシシッピ州のジャクソンという街にやって来たとき、自分は人種差別や貧困の問題を解決するためにここに来たと思っていました。わずかな時間をここで過ごし、ミシシッピの白人たちを修繕し、貧困者を修繕する。そのあとは、ここでのキャリアをバネにして政府の中央で働こう。それがわたしの計画でした。そこでこそ、現実的な行動ができる、と思っていたのです。しかし、「カルバリーの声」（Voice of Calvary）の人たちが、「静かな革命」について教えてくれました。この長い革命のプロセスには、わたし自身が根底から変えられることが入っていたのです。それは、問題の「修理屋」になりたいという深い願望から、自分に必要なことは、自分と根本的に違う人たち――わたしが修理しようとしていた多くの人たちも含めて――によって変えられることにあると知ることへ、という回心でした。新しい創造という神からの贈りものに立脚しつつ、キリスト教のヴィジョンが主張するのは、和解とは、究極的には日々の生活に起こるこの変化である、ということなのです。

一歩さがってみることで、神がいつでも希望の種を蒔いてくださっているのが見えるようになります――それはわたしたちが予想したり、選んだりしたやり方ではないかもしれませんが――。わたしたちは、この希望を見る目を獲得しなければなりません。なぜなら、静かな革命は、しばしばレーダー画面では探知できないところで起こっているからです。また、キリスト者のヴィジョンとして和解を再発見するという課題は、歴史の中で現実に起こった、見落とされている物語を回復させていくことでもあります。そのために、ユニークな旅を体現していたり、壊れ分断されたこの世界で、たんたんと活動してきた人たちの声に耳を傾けることを学んでいくことが不可欠です。

パーキンズによる「カルバリーの声」、アトヤムによる「当事者の親の会」のような活動場所が知られるようになっても、このような働きを続けていくためには、福音に根ざしていることが必要である、ということにわたしたちが気づくことはほとんどありません。このような和解のコミュニティーは、次のことがなければ可能にはなりません。それは、自分が変革されていく経験、祈り、そして神に耳を傾けることで維持されていく互いの関わり、礼拝共同体として生活を共にすること、痛みのあるところに自分は属しているのだという感覚、長期間にわたって説得を続けていく力、そして、痛みを他者に向けるのではなく自分のなかでやわらげていくことを可能にするような習慣《プラクティス》・実践。これらのことはすべて、神とイエス・キリストへの深い確信から生じてくるものです。

わたしたちは、神の物語に耳を傾けることから始めます。わたしたちはそれを礼拝のなかでおぼえていきます。子どもたちに神の物語を話して聞かせます。特に心を打つフレーズを記憶し、そのフレーズをいったいどこでわたしたちを通して再びお話になりたいのですか、と神に尋ねます。聖書のルツ記、そして、ラルシュ共同体のジャン・バニエと共に、わたしたちは語ります。「わたしは、あなたの行かれる所に行き／お泊まりになる所に泊まります。あなたの民はわたしの民／あなたの神はわたしの神」（ルツ記一・一六）。主イエス、そして、ジョン・パーキンズと共に、わたしたちは次のように語ることを学びます。「父よ、彼らをお赦しください。自分が何をしているのか知らないのです」（ルカ二三・三四）。キリスト者の和解のヴィジョンは、神の民の物語に根ざしているものであるゆえに、わたしたちはその物語のなかに身を置きながら生活することによってしか、このヴィジョンを理解することができないのです。この物語は、神の特殊な民の日々の習慣のなかで、わたしたちを形づくっていきます。この物語がわたしたちの内側に深く落ちていけばいくほどに、この世界に流布しているヴィジョンから来る誘惑に抵抗しやすくなっていくのです。

⚜ 第3章　和解とは神と共に行く旅

アメリカの公民権運動を駆り立てた中心的確信の一つは、「神は道なきところに道をつくる！」という励ましの合言葉でした。ここで大切なのは、黒人教会から生まれたこの言葉が、聖書を読み続けてきた長い歴史のなかから生まれたものであることに心を留めておくことです。アメリカ南部のプランテーションでは、木の枝などを集めて作られた粗朶《そだ》小屋に奴隷たちが集まり、エジプトで奴隷の境遇にあったイスラエルの民を神が導き出した物語を想起しました。奴隷制が果てなく続いていくように思えたときでさえ、「神は道なきところに道をつくる」と奴隷たちは語り合ったのです。一八六三年の奴隷解放宣言以後、アメリカの黒人キリスト者は、新年前日に行われる「除夜の礼拝」に長年にわたって集まり続けました。それは、どのように「神は道なきところに道をつくられる！」かを想起するためでした。彼らは、過去にあった神の誠実を想起することによって、アメリカの新しい社会のヴィジョン――一九六〇年代には、すべての人たちが真剣に受け止めなければならなくなったヴィジョン――をかたちあるものにしてきたのです。

前章で光を当てた聖書箇所をていねいに読むと、和解の任務に関わる人たちのために聖書の物語が差し出してくれている贈りものが明らかになります。この極めて重要な聖書箇所は、コリントの教会に宛てたパウロの第二の手紙のなかにあります。

「だから、キリストと結ばれる人はだれでも、新しく創造された者なのです。古いものは過ぎ去り、新しいものが生じた。これらはすべて神から出ることであって、神は、キリストを通してわたしたちを御自分と和解させ、また、和解のために奉仕する任務をわたしたちにお授けになりました。つまり、神はキリストによって世を御自分と和解させ、人々の罪の責任を問うことなく、和解の言葉をわたしたちにゆだねられたのです。ですから、神がわたしたちを通して勧めておられるので、わたしたちはキリストの使者の務めを果たしています。キリストに代わってお願いします。神と和解させていただきなさい」　（Ⅱコリント五・一七―二〇）

この世界のなかで和解を探求することとは、神と共に行く旅です。パウロはこの箇所で、この世界のなかで神と共に歩む道と、わたしたちが選びかねない他の道とをはっきり区別する点をいくつも強調しています。キリスト者の和解のヴィジョンの内容は、旅のイメージ、そして、第二コリントが数え上げている特徴に注意を払うことによってさらに明確にされていくでしょう。

和解は旅

「新しく創造された者」［新国際版聖書ＮＩＶでは「新しい創造」（new creation）と訳されている」とは、ここでパウロが語る物語の要約です。つまり、キリストが先触れとなることでわたしたちのもとに招き入れてくださった「新しいもの」を理解するためには、その元にある創造物語と、過ぎ去りつつある古い秩序について知っておかなければならないということなのでしょう。そのことには多くの重要な意味が含まれています。

神にとってさえ、和解とはイベントでも達成結果でもありません。それは「古いもの」から「新しいもの」へという旅なのです。聖書がこの旅の具体的な姿を物語っているように、神は、一連の抽象的な信仰に単に同意するようにとわたしたちを招いておられるわけではありません。むしろ、共に冒険に出ようとわたしたちを招いておられるのです。もしもこの旅に高度なスキルや訓練が必要であるとすれば、そこで求められている最も大切なスキルは、記憶力です。キリスト者がはっきりと想起することができるなら、この世界に神が関わっておられるという物語を探求し、その物語のなかではどのような時に何が起きているかということを突き止め、理解するために、その物語を活用していくことができるのです。だから、キリスト者が歩む和解の旅には、聖書が必要不可欠です。聖書はキリスト者の記憶を形成し、しかも同時に、この世界のなかで生きていくために具体的な可能性を与えてくれます。このことを土台とするなら、もっと多くのキリスト者たちが、和解とは古いものから新しいものへと向かう神と共に歩む旅であるという場所に立つことができるようになり、そのことによって、この旅の歩みを支え、それを可能なこととしてくれるのに必要不可欠な贈りものを、もっと回復することができるようになるのです。

旅の中心人物は、主イエス

和解というドラマには、物語の最も大切な人物として、いつでも主イエスの名前が挙げられています。「だから、キリストと結ばれる人はだれでも」「神はキリストによって世を御自分と和解させ」「わたしたちはキリストの使者の務めを果たしています」（IIコリント五・一七―二〇）。この主張がいかに重要であるか、あるいは、いかにつまずきになるものか、そのことはどれほど声を大にして語っても十分ではありません。

わたしたちが、優れた平和構築《ピースビルディング》のプログラムを行っている授業を訪ねたとき、アイルランド出身の学生たちがリーダーになって、聖パトリック・デーの楽しい祝いを催したことがありました［聖パトリック（三八七年頃から四六一年）は、アイルランドにキリストを広めた司教。命日である三月一七日は記念日とされ、アメリカでは教会を超えて祝われている］。学生の一人が、聖パトリックによるあの有名な祈りを口にするように導いてくれました。「神よ、我と共に。神よ、我の前に。神よ、我の後ろに。神よ、我の内に。神よ、我の下に」。しかし、この祈りのどこかが違うように感じました。あとになって、それがなぜだったのかがわかりました。その学生は、同じクラスのキリスト者ではない学生たちにも口にしやすいように、聖パトリックの祈りの「キリスト」という言葉を、より一般的な「神」という総称に置き換えていたのです。

犠牲をいとわずに平和を追い求めた聖パトリックの生涯は、ある特定のお方との友情や祈りから離れては意味を持たなくなってしまうでしょう。本書を通して明らかになっていくように、和解の旅とは、主イエスにひたすら耳を傾け、目を注ぎ続けていくことなのです。主イエスのご生涯と死と復活といった極めて特定の出来事が、どのようにわたしたち自身の旅に輪郭を与えてくれるものであるかを、わたしたちは学ばなければなりません。キリスト者にとって、和解の旅の羅針盤は、いつも主イエス・キリストを指し示しています。

旅は、専門家のものだけではない

第二コリント五章が光を当てるもう一つの重要な点は、和解とは、少数者に限定されているのではなく、「キリストと結ばれる人はだれでも」その担い手になる、ということです。和解とは、洗礼を受けてキリストのからだに結ばれたすべての人たちを通してこの世界に差し出されていく働き《ミニストリー》のことなのです。それは専門家や牧師やＮＧＯのリーダーたちだけのものではありません。

和解は、高校生たち、母親たち、リタイアした人たち、牢獄にいる受刑者たちに与えられた任務《ミニストリー》です。実際、教会で働いたり奉仕事業のプロフェッショナルであったりしない人たちのほうが、神の国の静かな革命に加わるのにもっと適したポジションにいるということもよくあることです。そのような人たちは、神のために偉大なことをしたいという誘惑に陥ることなく、自分たちの友人や敵対する人たちを愛するという困難な働きにたんたんと取り組んでいます。

パレスチナにおけるユダヤ教、イスラム教とキリスト教とのあいだの和解に向けた努力について、エリアス・シャクール（Elias Chacour）大主教［一九三九年生まれ。二〇〇六年から一四年までギリシア正教会のアッコ、ハイファ、ナザレ、ガリラヤ全域の大主教を務めた］の勇気あるリーダーシップは広く知られています。しかし大主教は、自分の業績をあまり強調することはありません。彼はこのように語ります。「和解の現実的な秘訣……は、ユダヤ教の母親とイスラム教の母親、どちらも自分の子どものことを気にかけている、という点にあります。わたしたちがサマーキャンプを行ったとき、一〇〇〇人もの子どもたちがやって来ました。わたしたちはどのようにこの子どもたちの食事を用意したらよいのかわかりませんでした。けれども、ユダヤ教、イスラム教、キリスト教の母親たちは、一日中いっしょに働いて子どもたちを食べさせました」(1)。鍋やフライパンを片手に、母親たちが和解のために現実的な働きをしたのです。

与えられている課題にあまりにも早急に飛びつくとき、わたしたちは和解を特殊な任務として捉えてしまいがちであり、トレーニングを受けた人たち（エキスパートやプロフェッショナル）や和解向けの性格の持ち主、あるいは、和解のための霊的な賜物が与えられている人たちが関わるべき厄介な邪魔物であると考えてしまうところがあります。しかし、第二コリントが明確にしているのは、「キリストと結ばれる人はだれでも」——別の言い方をすれば、キリストにあるすべての者たちに——和解の賜物が与えられている、ということです。パウロにとって、それこそがよい知らせ、つまり、福音の核心です。わたしたちすべては、「キリストにあって」神の創造の一部とされたのです。

わたしたちはこの旅において使者になるようにと招かれている

神が行ってくださったことすべてから来る光のなかで、パウロは次のように記しています。「ですから、神がわたしたちを通して勧めておられるので、わたしたちはキリストの使者の務めを果たしています」（Ⅱコリント五・二〇）。使者［原文は ambassador であり、「大使」とも訳すことができる言葉が用いられている］とは、だれかの不在時に、その人に代わってメッセージを伝える代理人です。使者たちは外国に在住します。そこは自分のほんとうの故郷とは呼べない場所です。自分の本国以外の国に住めば、その人の行い、忠誠心、国益、そして言葉のアクセントまで、その国の住民にとっては風変わりなものとして映るでしょう。世界の破れのただなかにいるキリストの和解の使者たちもまた同じです。

二〇〇六年に、わたしたちはウガンダで、アフリカのキリスト者リーダーたちの集いを企画しました。集まったのは、ウガンダとその周辺の国々、ルワンダ、南スーダン、東コンゴ、そしてブルンジ、それぞれの国で平和を追い求めている四〇人でした。わたしたちが最も驚いたことの一つは、これらのリーダーたちにとって、そこに集うためにどれほど勇気を必要としたか、ということでした。集いの最後の夜、コンゴ人であり合同メソジスト教会の監督であるンタンボ・ンクル・ンタンダ（Ntambo Nkulu Ntanda）が、集いに参加したキリスト者が住む国のあいだで生じた戦争について話しました。彼が語ってくれたのは、ウガンダの独裁者であったイディ・アミンが過去どれほど自分を苦しめたか、ウガンダとコンゴのあいだに最近起きた戦争がどれほど自分にとって重荷であったか、そして、自分はこれまでウガンダに来たことがなく、今回空港に到着したときにどれほど恐ろしかったか、ということでした。

しかし、この集いは彼のそのような思いを一変させました。「ここには、ウガンダ人のエマニュエルがいます。部屋に入ると、彼はわたしを抱きしめてくれました」。ンタンダは言いました。「わたしは今まで、スーダンの人と礼拝をささげたことがありませんでした、しかしここにはスーダン人がいます。ここには聖公会、メソジスト、バプテスト、カトリック、ペンテコステ派の人たちもいて、みんなで礼拝していますす」。彼は笑いながら、ウガンダの滞在を二日間延長したと打ち明けました。「もしも和解の出来事が生まれるとするならば、それはここから始まるでしょう。わたしはウガンダについて新しい物語を語るために、コンゴに戻ろうと思います」。

ンタンダの物語は、キリストの和解の使者としてわたしたちに与えられている使命――それは、新しい物語に向かう変革であり、そのことによって小さな国境や限定された忠誠心に対して抵抗する使命――を指し示しています。ひっくり返されたこの世界において、新しく表に現れた地表を歩かれたお方をわたしたちは礼拝するのです。礼拝し、主イエスに従うことによって、わたしたちは主イエスの奇妙な姿と似た者になっていきます。そのようにしてわたしたちは、いまなお古いものに捕らわれているこの世界のただなかで、神の新しい創造という奇妙な印を帯びるのです。

また、ンタンダの物語は、キリストの使者《アンバサダー》としてわたしたちに与えられた使命は、共同して発言をしていくことであり、それは政治の一つの形態をとりうるものであるということを、わたしたちに理解させてくれるものでもあります。いえ、むしろ、そのこと自体が政治そのものなのです。わたしたちは、政治とは政府が行うことであるとの考えに馴らされてしまっています。しかし、政治とはそれにとどまりません。政治とは忠誠心や忠義心に関わる事柄であり、それがわたしたちの生活全体をかたちづくり、また、教会の公的なあり方もその影響を受けているのです。

任地において一国を代表しながらも、異なる政治の現実のなかで働く大使《アンバサダー》のように、和解というキリスト者の任務を担う者たちは、新しい創造の現実を指し示しながらこの世界の現実に関わっていきます。たとえば、多くのキリスト者たちがナチス・ドイツの政治に飲み込まれ、自分たちの隣人であるユダヤ人たちの苦境を無視したとき、告白教会は、他とは異なる忠誠心を具体的に表現しました。「バルメン宣言」において、彼らは高価な犠牲を払いながら、次のように宣言したのです。「われわれの生活の諸領域のなかに、われわれがイエス・キリストのものではなく、他の主人のものであるかのように教える誤った教えを、われわれは拒否する」(2)。

キリストの和解の使者《アンバサダー》になるようにとの招きは神からの贈りものであり、他の支配者たち――権力、ナショナリズム、人種的、あるいは民族的な忠誠心そのものを目的化させようとする支配者たち――の席を奪い取らせようとしているのです。そしてそれは、もっと深い次元に忠義心、物語、空間、共同体を生み出します。そしてこの共同体は、キリストにおける神の新しい創造というリアリティを体現する「実演農場」[その地域に新しい作物や農法を紹介する目的で拓かれた農場のこと]とされます。簡潔にいえば、和解は、教会とは何であるかということに名を与えながら数え上げることで明らかにし、しかも同時に、教会にそのようになっていくようにと求めているのです。教会こそ神の和解の印であり、和解の代理人である、というように。

わたしたちは土の器として旅をする

大使《アンバサダー》という言葉が大げさに響き、外交官特権やうぬぼれる思いをその人の心に呼び出すことのないように、パウロは第二コリント五章一七―二一節の直前の箇所で、わたしたちに次のことを想起させています。それは、わたしたちが受け取っている和解という贈りものは壊れやすく、また、わたしたちが苦しむこともそこには含まれているということです。

「ところで、わたしたちは、このような宝を土の器に納めています。この並外れて偉大な力が神のものであって、わたしたちから出たものでないことが明らかになるために。わたしたちは、四方から苦しめられても行き詰まらず、途方に暮れても失望せず、虐げられても見捨てられず、打ち倒されても滅ぼされない。わたしたちは、いつもイエスの死を体にまとっています、イエスの命がこの体に現れるために。わたしたちは生きている間、絶えずイエスのために死にさらされています、死ぬはずのこの身にイエスの命が現れるために」（Ⅱコリント四・七―一一）

わたしたちがこのような宝を土の器に納めているとは、この和解をただの贈りものとしてではなく、とても高価な宝――わたしたちにはふさわしくない貴重な宝――と受け止めるように、とのキリスト者への招きです。それはまた、その宝を落とさないよう優しく歩いていくように、との招きでもあります。和解の重要な特徴は柔和にある、その理由はここにあります。

しかし、パウロは、わたしたちに与えられているこの贈りものがもたらす様ざまな挑戦から逃げようとはしません。パウロは警告しています。わたしたちはキリストの死によって印をつけられているのですから、「いつも」、キリストの傷と死の印をつけて歩いているのです。キリスト者の和解の旅とは、命を危機にさらされる一人一人の旅です。和解とは、単なるすばらしい贈りものにとどまりません。それは長く、つらく、犠牲を伴う旅です。その旅のあいだ、わたしたちは絶えず四方から苦しめられ、途方に暮れ、虐げられ、打ち倒されるのです。

一〇年もの間、わたし（クリス）は、友人のスペンサー・パーキンズといっしょに、全国的な和解のミニストリーを率いてきました。一九九八年に、わたしたち二人はアメリカ全土の大学で働くリーダーたち三〇〇人のために「大学・民族・和解会議」(College, Ethnicity and Reconciliation conference) を組織しました。この会議の最初の夜、インターヴァーシティ (InterVarsity)［キャンパス・ミニストリーを行っている団体］から参加したスタッフたちが集まり、和解に取り組む人たちの数が国中に広がっていることを語り合いました。彼らは互いに、そしてわたしたちに、このミニストリーはロマンティックなものではなく、華やかに飾り立ててパレードを導くワゴン車に飛び乗るようなことではない、と思い起こさせてくれました。インターヴァーシティでも、多くの人が人種をめぐる問題の最前線で労苦し、若くして死んでいった話を聞かせてくれたのです。彼らは言いました。自分たちはこの仕事に取り組みながら、さらに深い希望がこの世界に侵入していくために自分の命を投げ出すことを学んだ、と。

翌日、スペンサーはミーティングの最中に倒れ、病院に緊急搬送されました。その夜、彼は会合の場に戻ってきました。そして、スペンサーとわたしで最後の会議を担当しました。「長期間にわたって歩んでいくこと」について、会議に至るまでの数週間に二人のあいだに起こった衝突について、そして、神の恵みの力について、その場で話をしたのです。神の恵みの力こそ、わたしたちが互いに赦し合うため、そして、新しい方法で人種間の和解という課題に立ち向かうための源泉でした。

その夜が、わたしたちがいっしょに話をした最後の時となりました。三日後、スペンサーは重い心臓発作によって亡くなりました。わたしたちすべてにとって、スペンサーの死は二つの真実を決定的なものにしました。一つはこの闘いがもたらす痛み、そしてもう一つはわたしたちの旅の最も暗い時に、神はわたしたちと共におられるという約束です。それは癒やしと恵みに満ちた数か月のあいだに、神の臨在という神秘の中で明らかにされたものでした。

第二コリントのパウロのメッセージが、これからの旅についてのただの警告ではなく励ましでもあるのはこのためです。パウロは書きます。「わたしたちは、四方から苦しめられても行き詰まらず、途方に暮れても失望せず、虐げられても見捨てられず、打ち倒されても滅ぼされない。……だから、わたしたちは落胆しません」（Ⅱコリント四・八―九、一六節）。スペンサーとわたしが深い断絶状態にあったとき、わたしは先へ進む意志をほとんど失っていました。スペンサーの死後、わたしはいったいどのようにこの招きに応え続けていけばよいのかまったくわからなくなりました。しかし、それぞれの時、これまでのわたしの人生で最も痛みが激しい二つの時に、神は、聖書という贈りものをくださいました。わたしに、聞くべき知恵を語ってくれる友人たちの忍耐強い愛を注いでくださいました。わたしには価しない恵みをくださいました。そして、とにかく次の一歩だけでも踏み出す強さを与えてほしいという祈りを、神はこのわたしに与えてくださいました。神の臨在という神秘のなかで、これらのことが、「今」ある状況にもかかわらず、わたしが何とか進み続けることができるようにさせてくれました。そして、わたしが決して想像できなかったようなしかたで、新しいいのちが立ち現れるのを見えるようにしてくれたのです。

わたしたちが落胆しないでいられるのは、「今」を超えた向こう（beyond）、目に見えるものを超えた向こう（beyond）に目を注いでいるから、そして、神の物語を想起するからです。あの神の物語がなければ、わたしたちは打ちのめされ、押しつぶされ、滅ぼされてしまうでしょう。このことが、飽くなき行動主義から一歩さがってみることがとても大切であることの理由です。次の言葉にあるとおりに。「わたしたちは見えるものではなく、見えないものに目を注ぎます。見えるものは過ぎ去りますが、見えないものは永遠に存続するからです」（Ⅱコリント四・一八）。パウロは、わたしたちは落胆する必要はないことを知っています。わたしたちが視線を主イエスに向け直しさえすれば、主イエスは、この世界において、独特な道をたどるようにわたしたちを招いておられるだけではないことがわかるからです。主イエスはこの旅に必要な贈りものもまた与えてくださいます。そこで次に、この贈りものについて思いめぐらしていくことにしましょう。

1　二〇〇七年二月一九日、デューク大学神学部での講演より。

2　バルメン宣言（www.sacred-texts.com/chr/barmen.htm）。二〇〇八年五月一六日に閲覧。[「ドイツ福音主義の状況に対する神学的宣言」（「バルメン宣言」と言い習わされる）の第二テーゼのなかにある一文]

第4章　聖書はどのようにわたしたちをつくり変えるのか

和解を旅として思い描くヴィジョンは、和解を主として業績、イベント、戦略、あるいはプログラムとする見方とはまったく対照的です。さらに、和解を神と共に行く旅として理解するとは、この旅を自分でコントロールしようとすることをあきらめることでもあります。そのことにより、神が与えてくださるすばらしくよい贈りものを受け取ることができるようになるのです。これらの贈りものは、壊れた世界の現実の場所においてわたしたちの旅路を力づけ、それを持続できるようにさせてくれます。聖書の物語のなかに深く足を踏み入れていくとき、わたしたちはこれから進むべき道を見いだす手助けを贈りものとして受け取ります。このような贈りものの一つが、聖書そのものであるからです。もしも教会がキリスト者の和解のヴィジョンや実践を持続していこうとするのであれば、わたしたちは聖書によって新しくつくり変えられた民にならなければなりません。

平和と調和《ハーモニー》――神から世界に与えられた贈りもの

聖書は和解の旅の中心です。なぜならば聖書はわたしたちを「初め」に連れ戻し、いったいどのようにしてすべてが始まったのか、ということへの意識を与えるだけではなく、平和と調和《ハーモニー》は、創造においてもともと神が被造物にくださった贈りものであることを再発見する機会も与えてくれるからです。創世記一章一―三一節にある天地創造の記述を読むと、神は、生き物を創造するだけではなく、実体のない空間であった混沌《カオス》から平和と秩序と調和を創造するためにも働いておられることがわかります。この創造のプロセスの様ざまな段階にあって、神はご自身のわざによって秩序が現れ出るのをご覧になり、「良し」と宣言されています。

聖書が創造について語る最初の記述では、六日目まで男も女も創造されなかったことを明らかにしています。彼らは「地に満ちて地を従わせよ」(一・二八)と告げられますが、「神は彼らを祝福して言われた」と記されているように、彼らもまた神からの贈りものなのです。ですから、人間は自分たちを神の共同製作者であると考えることは危険です。わたしたちは初めには存在していませんでした。神が空の鳥や海の魚を創造されたとき、わたしたちは存在していませんでした。わたしたちは平和を造り出す人になるように招かれていますが、同時に、究極的に言えば、平和や秩序の創造者ではありません。聖書は、平和を造るようにとのわたしたちの使命に先立って、平和に満ちた創造という神からの贈りものがあることを、わたしたちに思い起こさせてくれます。

平和の習慣を養うための時間

さらに、「初めに」から始まる物語はまた、神は混沌から平和と調和を創造されただけではなく、創造の働きを完成するまでに六日を費やされたことを思い出させてくれます。神は、指をパチンと鳴らして一瞬に創造することを選ばれません。どういうわけか、神は時間を費やされています。あるいは、異なる言い方をするなら、創造のほうが神に時間をかけさせるのです。

この聖書のヴィジョンは、平和と和解を追い求めるなかで、わたしたちが忍耐し続けていくために大切です。和解という贈りものは、それが目の前に広がっていくためには時間を要することをわたしたちは知っています。しかし、創造の物語は、時間そのものが、神がこの世界にお与えになった贈りものであることを理解するようにしてくれます。別の言い方をするなら、新しい民になっていくためには、わたしたちは自分にも相手にも、時間とスペースを与えなければなりません。神の和解のわざとは、パレスチナ人とイスラエル人が交渉のテーブルに着くというような重大な出来事ばかりではありません。ふだんの平穏な生活のなかで、習慣――相手に耳を傾けたり、初めて会う人を歓迎したり、ガーデニングをしたり、子どもを育てたり、家事をしたりする習慣――を養うために、時間をかけていくこともまた、神の和解のわざに含まれているのです。

預言者エレミヤが捕囚の神の民に語ったように、わたしたちも自分が置かれている場所で平和を探し求めます。

「家を建てて住み、園に果樹を植えてその実を食べなさい。妻をめとり、息子、娘をもうけ、息子には嫁をとり、娘は嫁がせて、息子、娘を産ませるように。そちらで人口を増やし、減らしてはならない。わたしが、あなたたちを捕囚として送った町の平安を求め、その町のために主に祈りなさい。その町の平安があってこそ、あなたたちにも平安があるのだから」

（エレミヤ書二九・五―七）

自分たちの足下に広がる地を耕し、健やかに生きるための習慣を養おうとしているのであれば、わたしたちは神の平和という贈りものを積極的に受け取っているのです。

フィラデルフィアのインナー・シティにある、依存症からの回復を目的としたコミュニティー「今、新しいエルサレムを」（New Jerusalem Now）では、依存症者同士が互いの癒やしのために助け合い、自分たちを病ませた社会にも積極的に関わっています。医療ミッションに従事するシスター、マーガレット・マッケナ（Margaret McKenna）がこのコミュニティーを創立し、その場所で神の力によって変えられていったたくさんの人たちから霊的な母として尊敬を集めています。シスター・マーガレットはたゆむことなく働き続ける方であり、その業績を記していけば本書の二倍のサイズの書物になるでしょう。しかしたとえば、教会も移転し、荒れていくばかりの街にじっと耐えている近隣のために、彼女は春ごとに庭に植物を植えています。それは美しい庭で、栄養のある野菜や彩り豊かな花々でいっぱいです。シスターは、週日には草引きと水やりの時間をとり、また、安息日の祝いには庭の美しさを楽しむ時間を過ごします。数年前のこと、シスター・マーガレットの庭の噂が「フィラデルフィア・インクワイヤラー」紙の耳にまで届き、「ガーデン・オブ・ザ・イヤー」に選ばれました。新聞からそのような選定を受けたことには、選定委員会が考えたことよりももっと深い理由があるのではないか、そう思わずにはいられません。

壊れ、いつも忙しい世界の中で休息すること

創世記の創造物語では、創造の働きは、神によって六日目に終えられています。そして、七日目に神は休息されます。この記述は、わたしたちを取り囲む混沌や紛争のただなかで、わたしたちもまた休息するように招かれているということを知らせてくれます。なぜなら、神が休んでおられるからです。それゆえわたしたちもまた、平和という贈りものは神が与えてくださる――そして、わたしたちの手を借りずとも、神にはその贈りものを与えることができる――という確信のもとで、静かに安息の時を過ごしてよいのです。それは、世界の紛争や混沌に無関心になるようにという招きではありません。そうではなく、世界にもたらされる救いは、究極的にはわたしたちの手によ

るものではないことを思い描くためです。わたしたちがこの世界で平和と調和を求めて働くときであっても、神はどのように休むかをわたしたちに教えたいと願っておられます。神がわたしたちを愛しておられること、そして、わたしたちに必要な休息を与えることがおできになることをよく知りながら、安心していてほしいと願ってくださるのです。

『ホテル・ルワンダ』という映画にポール・ルセサバギナ（Paul Rusesabagina）という人物が登場します。彼は、一九九四年、ルワンダで起こった虐殺の最悪期に、キガリにある一流ホテルの支配人でした。この映画は、ホテルを避難場所として開放し、一〇〇〇人あまりのツチ族の命を救ったポールの勇敢な働きを描いたものです。映画のある場面で、国連部隊がキガリから撤退したまさにその頃、ホテルの水と食糧も底をついたことを描写するシーンがあります。ツチ族を幾日も虐殺し続けてきた民兵たちがホテルの敷地内に野営し、ホテル内に隠れている人たちを攻撃する命令を待っています。

恐怖に襲われ、あそこでもここでもパニックが起こります。すべては、ホテルの支配人であるポールにかかっています。彼はみんなを落ち着かせ、民兵の幹部との交渉を引き受けます。彼は疲れ果て、最期の時も近いと悟ります。しかしそこに、すばらしいシーンが続きます。ポールは、妻をホテルの屋上に連れて行きます。そして、暴力のただなかで、シャンパンのボトルを開け、キャンドルに火を灯し、これが最後かもしれないというその時を妻と一緒に楽しむのです。

この壊れた世界での安息日とは、このようなことだと思います——行動のただなかにあって屋上で静まるべき時を知り、世界全体が崩れていくときでも、わたしたちを愛しておられる神と共に時を過ごすのです。わたしたちの愛する方が、「すべてはよくなる」と耳元でささやいてくださるとき、それは単なる希望的観測ではありません。それは、全宇宙を支えている根本的な真実なのです。ほんとうに、すべてはよくなるのです。なぜならば、すべてのものを造られた方は、ただ休憩を取るために休んでおられるのではありません。神は、被造物すべてがほめたたえるべき王座に就いて休んでおられます。安息日とは、全宇宙を愛をもって支配しておられる神のみ手のなかにわたしたちはいるのだ、ということを思い起こすときなのです。

贈りもの——平和へのもう一つの道

わたしたちがまた、「初めに」という言葉をもって始まる物語から発見することは、もしも平和や調和が神からの贈りものであるなら、紛争や暴力や戦争とは、神からの贈りものとして受け取ることしかできないものを、わたしたちが自分の手でつかみ取ろうと（そのようにして、自分たちの安心を得ようと）試みた結果である、ということです。創世記二章にある第二の創造物語の記事は、第一の記事との関連で心に留めたテーマ——すべては贈りものである——を、さらにはっきり展開しています。神はアダムとエバに命を与えます。神は、二人のために園をつくられます。神はすべての生き物を連れて来て、好みの名前をつけさせました。神は、彼らが必要とするものをすべて与え、その上で一つの掟を言い渡されます。それは、表面的にはいささか奇妙な掟でした。「園のすべての木から取って食べなさい。ただし、善悪の知識の木からは、決して食べてはならない」（創世記二・一六―一七）。

神は、アダムとエバにこのように告げようとしておられるのです。「あなたたちに必要なものをすべて与えよう。あなたたちができることは、ただ受け取ることだけだ。自分たちの手でつかみ取ることは決してできない」。けれども、この「つかみ取る」ことを、まさしくアダムとエバはしてしまうことになります。このすぐあとに続く堕罪物語では（創世記三章）、アダムとエバは、神が彼らに与えなかった、たった一つのものをつかみ、手に入れ、握りしめます。わたしたちが自分の運命をコントロールしようとして、何かを手に入れ、握りしめる姿勢で生きようとするとき、わたしたちは調和と平和という贈りものを失います。そのような行為がもたらすものが、創世記三章の物語の続きに描かれていきます。それは社会の崩壊、敵意、楽園喪失、そして、死です。

一九九四年のルワンダ虐殺の背景もまた、この観点から語っていくことができるでしょう。ルワンダを支配していたベルギー植民地政府は、少数派であったツチ族に権力を与え、ツチ族は多数派フツ族よりも人種的に優れていると告げました。この序列が、二〇世紀前半のルワンダの生活を形成することになりました。しかし、ルワンダがベルギーから独立したとき、多数派のフツ族が権力を手に入れ、何世代にもわたって自分たちが受けてきた不正を糾弾しました。ルワンダは、敬虔な「キリスト教」国家でしたが、フツ族もツチ族も植民地政府から押しつけられた民族的アイデンティティーを疑いませんでした。権力を握りしめると同時に、彼らはキリスト者として共有しているアイデンティティー、そして、神が彼らのただなかで可能なものとしてくださった「新しい創造」を忘れてしまったのです。一九九四年、民族的アイデンティティーの相違からもたらされた緊張が、虐殺というかたちで爆発しました。

たしかに、社会学的、経済的、政治的、人類学的、そして歴史的側面から、この世界の紛争を説明しようとする試みが多くあります。これらの説明のうち、この世界の真実をわたしたちが理解するのに役立つものも多いでしょう。しかし、それらの説明がこの「原罪」(original sin)、つまり、ただ贈りものとしてだけ受け取ることができるものをつかみ取りながら自分たちの安全を確保しようとする企てに言及しない限りは、わたしたちの最も奥深くにある問題について語っていることにはなりません。キリスト者の和解の実践は、受容と感謝という姿勢を回復していくことから切り離すことはできません。この二つこそ、キリスト者がこの分断された世界で生きていくために、極めて重要な美徳――原美徳(original virtue)[ここでは、原罪 original sin との対表現として用いられている]――なのです。

神の物語の中にあるドラマ

幸いなことに、創造の物語は堕罪では終わらず、神からの回復の約束へと続いていきます。しかしここで大切なことは、聖書の最初の三章において、このあとに続いていく物語でいったい何が問題となっていくか、という方向づけがなされている点です。別の言い方をすれば、神の物語として和解を回復していくとは、「冒険」の感覚をもちながら、聖書に近づいていくことなのです。そこでわたしたちは、「次にいったい何が起こるのだろう?」という問いをいつももちながら生活していくことを学びます。聖書とは、霊的な洞察を集めたカタログでも、道徳のガイドラインでも、原理原則のコレクションでもありません。聖書とは、物語なのです。だから物語として、創造・堕罪・約束・回復を中心としたプロット――さらに突き詰めていえば、古い創造から新しい創造へという動きをもつプロット――をとおして読むことができるのです。

このように物語として読んでいくと、聖書の様ざまなエピソードや出来事や約束は、この旅のある特定の時点に起こったこととして、新たな意味をもつようになります。神によるアブラハムの召命、族長たちがたどった様ざまな旅、エジプトからの解放、シナイ山での契約、バビロン捕囚、ヨセフとマリアのベツレヘムへの困難な旅、マリアの息子がゴルゴタの丘へと登っていったこと、ペトロが空になった墓へ走って行ったこと。そのいずれの場合も、聖書は、新しい創造への旅が、ある特定の人たちの歩みにおいてどのようなかたちをとるのかを知ることができるようにとわたしたちを招いています。

しかも、聖書の旅の全体をとおして、創世記の最初の三章と同じドラマが幾度も繰り返し演じられていきます。わたしたちは、平和に生きるために必要なものを与え続けてくださる神と出会います。その神は、荒野において、イスラエルの民に生き方を教えてくださる方です。わたしたちは、神なしに自分に必要なものを確保しようとするわたしたち人間の欲望を知ることになります。神の民さえ、自分たちの力で約束の地を手に入れようとして失敗しました。そしてわたしたちは、イスラエルの民が荒野の四〇年ののちにヨルダン川を渡ることができるようになったとき、神による再生と回復の約束を知ることになります。聖書の物語は、新しい創造へと向かう動き、というこのテーマにこだわり続けているのです。

この点を見逃さないようにと、神は絶えず思い起こさせてくださいます。たとえば、イザヤ書六五章一七節がそうであるように。「見よ、わたしは新しい天と新しい地を創造する」。そして、聖書の物語は、この新しい創造という贈りものがついに天から下ってくるところで終わるのです。ヨハネは宣言します。「わたしはまた、新しい天と新しい地を見た。……夫のために着飾った花嫁のように用意を整えて、神のもとを離れ、天から下って来るのを見た」（黙示録二一・一―二）。

わたしたちに力を与えるおびただしい証人の群れ

新しい天と新しい地は最終的なヴィジョンであり、和解の旅が導く目的地です。旅の途上にあっては、わたしたちはこの目的地を垣間見ることしかできません。けれども、新しい天と新しい地の希望は、わたしたちが旅を続けられるように支えてくれるのです。しかもさらに重要なこととして、聖書は、わたしたちがどこへ向かっているのかを描くだけではなく、わたしたちよりも先にこの旅を歩んだ人たちによる具体的な例という贈りものも与えてくれます。わたしたちには、この旅をよく歩んだ人たちの前例――「まだ見ていない事柄」を待ち受け、そのことによって根本的に変えられてしまった聖徒たちの生涯――が必要なのです。

ヘブライ人への手紙は、信仰によって生きたアブラハム、サラ、モーセ、そのほか多くの人たちの生涯を描いています（ヘブライ一一章）。彼らの生涯や物語を描写しながら、聖書はそのことによってわたしたちをこの「おびただしい証人の群れ」の仲間に加え、「まだ見ていない事柄」によってすでに変革されてしまっている現在を、彼らのように生きるようにわたしたちを招きます。この招きを受け入れると、これら証人の生涯の特徴である「常軌を逸した《マッドネス》」人生をわたしたちもまた歩むことになります。「常軌を逸した」というのは、これら一人一人は、現在を起点に将来を予測する（これが理性的なことです）のではなく、将来のヴィジョンに従いながら現在を新しくつくり変えてしまったからです。ヘブライ人への手紙が語るのは、この常軌を逸した人生です。ノアは、まだ嵐が来てもいないのに箱舟を造りました。アブラハムは、自分がどこへ行くのか皆目見当もつかないままで旅に出ました。サラは、九〇歳でしたが、それでも子どもができるかもしれないと信じました。モーセは、ファラオとその権力に立ち向かうことが自分にはできると思い込みました。

しかしまだ見ていない事柄によって常軌を逸した生涯を送ったのは聖書に登場する「英雄たち《ヒーローズ》」だけではありません。共同体全体が、このように生きるように招かれています。実に聖書で彼らの物語が語られているのは、信仰を想起させて励まし、「キリストと結ばれる人はだれでも」このように生きるようにと招くためです。聖書はこれらの物語をとおして、わたしたちすべてのために、まだ実現していない約束に対する希望にいのちを吹き込み続けます。わたしたちすべてがこのおびただしい証人の群れのなかに数えられ、しかもそれにとどまらず、この世界で行われるわたしたちの証言によって神の愛の福音を知ることになる人たちも、やがてそこに含まれていくことになるのです。

究極的には、わたしたちは英雄になるように招かれているのではありません。聖徒になるためです。わたしたちは、自分の性格に備わった美徳によって例外的な存在になるのではありません。そうではなく、わたしたちはすでにおびただしい神の恵みに包まれ、捕らえられています。この世界にあって、キリストの体の生きた一員になっているのです。わたしたちは知っています、「キリストと結ばれる人はだれでも」神の新しい現実のなかを、今、生きることができるということを。

新しい可能性と他の選択肢《オルタナティヴ》を想像する能力

聖書を読み、その独特なヴィジョンの内側に身を置き、わたしたちがこの世界の紛争や破れに応答していくとき、新しい可能性がかたちづくられていきます。この世界にある数々の凶暴な現実は、しばしばわたしたちを怖じ気づかせ、打ちのめします。この世界の論理によれば、変化をもたらすためには権力、強さ、金銭、影響力を獲得しなければなりません。ですから戦争や紛争、そして暴力が広がるこの世界の現実のなかで、わたしたちはまるで手も足も出すことができず、まったく無力であるように感じます。まるでわたしたちは、状況に変化をもたらすのに必要な資源をもっていないかのように。

わたしたちはゴリアトの前に立つダビデのように感じます（サムエル記上一七章）。しかしまさしくこのことが、なぜ聖書にこのような物語があるのかという理由なのです。聖書の物語は、そこには他の選択肢《オルタナティヴ》があることを見せてくれます。そして、和解のつとめのために必要なのは、まだ実現していない約束という物語から導き出される新しい方法を想像することである、ということを示してくれます。

この物語によれば、イスラエルはペリシテ人たちよりもはるかに力が劣っています。ペリシテ人の代表は巨人ゴリアトです。ゴリアトは青銅の兜、鎧、すね当て、槍といういでたちで戦いの場に登場します。彼を見るやいなや、イスラエルが恐れおののくのも当然です。イスラエルに与えられている選択肢は二つです。すぐに降参するか、あるいは、ゴリアトが出した条件どおり、イスラエルのなかからだれか一人を選び、鎧をつけさせてゴリアトの前に立たせるか。イスラエルは、野営隊にはゴリアトが出した条件で、彼を打ち負かすことができる者など一人もいないことがわかっています。そこで、若くて経験のない、ダビデという少年を送り込みます。石投げ紐と滑らかな石が入った袋のほかは、鎧も武器も持たないままで。

ダビデがあまりにひどい格好をして見せたので、ゴリアトは侮辱されたように思います。「わたしは犬か。杖を持って向かって来るのか」。ゴリアトはダビデに向かって言います。「さあ、来い。お前の肉を空の鳥や野の獣にくれてやろう」（一七・四三―四四）。物語の続きは、よく知られているとおりです。ダビデは袋から石を一つ取り出し、石投げ紐でそれを投げ、このペリシテ人の額に命中させます。その日、弱小イスラエルと年若いダビデは強大なペリシテ人たちを打ち負かすのです。

こんなに暴力に満ちた物語から、わたしたちは和解と平和構築《ピースビルディング》について何を学ぶことができるのでしょうか？　一つには、この物語は、この世からの挑戦に対して既存の武器や通常の反撃方法で対応するなら、いつも無念にも惨敗を喫することになるということを教えています。キリスト者の和解の任務とは、この世のゴリアトに立ち向かうときに、神がわたしたちに与えてくださる独特な石を見つけ、大切に扱い、それに磨きをかけるということを学ぶことなのです。わたしたちが主イエスの物語に並べてダビデの物語を読むとき、神がご用意くださる石とは何であるかが見えはじめます。その石が、どんなに弱々しく見えようとも、わたしたちは、赦し、自己犠牲的な奉仕、そして犠牲をともなう敵への愛というスキルを身につけるように招かれています。

これがわたし（クリス）がスペンサー・パーキンズの日々から目の当たりにしたことでした。スペンサーは、白人が与える耐え難い屈辱に——黒人の入学を認めていた公立高校時代、二年もの間、隣に座る白人はだれもいなかったときから、白人警官に殴られて血まみれになった父親を翌朝に見たそのときまで——苦しめられてきた人でした。彼は近隣に住む黒人からも苦しめられてきました。ジョジョという男がスペンサーの車を盗み、教会ではありもしない噂を広めました。それなのに、ジョジョが事務所に立ち寄るときにわたしがいつも驚かされたのは、スペンサーの態度でした。ジョジョの話に耳を傾け、笑い、ジョジョに話しておかなければならないことがあればほんとうのことをユーモアを込めて語る、そのための時間をとっていたのです。わたしはこのような光景を、後にも先にも見たことはありませんでした。身勝手な人から偏屈者まで、スペンサーはミシシッピ州のウエスト・ジャクソンという小さな場所で、自分の敵を抱擁して迎え続けたのです。

石の袋一つでゴリアトに立ち向かうことができると想像するダビデの大胆さは、揺るぎない確信によるものです。「主は救いを賜るのに剣や槍を必要とはされないことを、ここに集まったすべての者は知るだろう。この戦いは主のものだ」（サムエル記上一七・四七）。キリスト者が平和と和解を追い求めていくとき、「この戦いは主のものだ」というこの物語に注意を向けないならば、働き続けていくことは決してできないでしょう。この物語なくしては、キリスト者は、働きに必要不可欠な想像力を養う源泉を失ってしまうからです。この想像力こそが、破壊的な紛争に満ちたこの世界のなかで、キリスト者がとるべき他の選択肢《オルタナティヴ》をかたちづくります。別の言い方をするなら、神の物語は、キリスト者がこの世界において和解と平和のために働くために、動機を与えてくれるだけではありません。それはまた、ここで受けている挑戦がいったいどのようなものであるかを理解する方法を新しくし、しかも、わたしたちが和解について抱いている固定観念に対して、他の具体的な選択肢を提供してくれるのです。

共生を超えた交わり《コミュニオン》という贈りもの

わたしたち二人がリードした、アメリカにおける人種と和解をめぐる対話の集いにおいて、参加者の一人が異議を唱えました。「いったいわれわれは、何に向かって和解しようというのですか？第一、黒人と白人が、一つになったことなどこれまで一度もないではないですか。われわれは和解について語るよりも、結束について語るべきです。結束とは、人種は異なり違いがあっても協力し合うことができ、共通の目的を追い求めるためであれば一致できるということです」。

これは深刻な反対意見であり、人種をめぐる様ざまな現実をわたしたちの多くが受け入れてきた方法を反映しています。その結果、わたしたちには平和的な共存関係とか良好な協働関係ということ以上の状態は想像できなくなっています。しかし、神の物語や新しい創造に向かう旅に焦点を当てることにより、キリスト者が呼びかける和解への招きとは、単に人種間の良好な協力関係を指すものではないことがわかります。共生が実現するのは、人種・民族・国家というようなわたしたちのそれまでのアイデンティティーはほんとうに正当なものであるかと問いかけてくる、新しい共同体のなかにおいてである、と約束するのです。このことこそ、新しい交わり《コミュニオン》を願っておられる神の夢であり、神は「あらゆる国民、種族、民族、言葉の違う民の中から」集められた人びとが、玉座の神と屠られた小羊を礼拝する、新しい交わりを思い描いておられるのです（黙示録七・九）。この物語の内側に立ち、この新しい将来の内側に立つなら、人種・種族・国家に心を奪われることがいかに偶像崇拝となりうるかを、キリスト者たちは理解するようになるでしょう。別の言い方をすれば、神の物語という贈りものは、このような人種間の和解をさらに超えていく旅にわたしたちを招いています。またそれは同時に、わたしたちが当たり前だと考えてきた特権、途方もない願望、生活スタイル、アイデンティティーや忠誠心についても、強い決意をもって名指しし、拒絶するようにわたしたちを招くのです。わたしたちが当然のことだと考えてきたこれらのものは、実は、人種的、文化的、国家的、部族的アイデンティティーの一部にすぎないのです。

しかしそれならば、互いに違っているということはよくないことなのでしょうか？　互いの相違は、神によって造られた贈りものではないのでしょうか？　なぜ、新しい創造の物語への招きは、神の創造の一部である相違性を克服することを求めるのでしょうか？

わたしたちがこれまで述べてきたことは、相違性という贈りものを否定するものでも、軽視するものでもありません。わたしたちはみな、それぞれ違いをもって造られました。実際、創世記の創造物語によると、神が創造について「良し」と宣言されたことの一つは、神が異なる被造物のあいだに造られた調和《ハーモニー》でした。違いを否定するどころか、聖書の物語は、人間の生まれつきの違いや歴史的な違いを認め、肯定しています。けれども、人間の堕罪の後、相違性という贈りものは歪められ、壊れやすいものとなり、人と人とのあいだのあらゆるたぐいの競争、分裂、戦争を導くものになったのです。しかしそこでわたしたちキリスト者の物語は、ペンテコステの出来事に注意を向けさせます。そこでは、互いの違いは消し去られずに回復され、新しい交わりをとおしてふさわしい秩序が生まれます。「彼らがわたしたちの言葉で神の偉大な業を語っているのを聞こうとは」（使徒二・一一）。わたしたちはこのペンテコステの出来事に立つことで、ガラテヤ三章二七—二八節で、パウロが次のように語っていることのすばらしさを味わうことができるようになるのです。「洗礼を受けてキリストに結ばれたあなたがたは皆、キリストを着ているからです。そこではもはや、ユダヤ人もギリシア人もなく、奴隷も自由な身分の者もなく、男も女もありません。あなたがたは皆、キリスト・イエスにおいて一つだからです」。

使徒言行録の物語において、パウロはその地域の文化や特色に身を浸しながら過ごしていたことがわかります。パウロは、突然、ガラテヤの信徒への手紙において、様ざまな違いに対して繊細な見方ができなくなったというのではありません。そうではなく、パウロは、多様な会堂《シナゴーグ》や市場で力のある物語――ギリシア人かユダヤ人か、男か女か、というアイデンティティーに対してそれまでよりも興味をもたなくさせる物語――を宣《の》べ伝えたのです。キリスト者の観点から言えば、和解とは、聖書を探求しながら、そこにある実例やイメージやメタファー、行動や生活のしかたを見いだすことによって、わたしたちのアイデンティティー、つまり、ユダヤ人かギリシア人か、アメリカ人かアフリカ人か、黒人か白人か、韓国人かメキシコ人か、ということに、それまでよりも興味をもたなくさせていく、ということなのです。しかしそのことは、キムチを食べたり、自分の国のサッカーチームを応援したり、カントリー&ウェスタンの音楽を聞くのはどこか間違っている、ということではありません。文化と結びついた慣行はすばらしいものでありえるはずです。わたしたちの要点はこうです。わたしたちは、いったいどのような状況で文化的資源や違いがほめたたえられ、肯定されるものとなりうるのか、そしてまた、いったいどのような状況でそれらを肯定することが、神のご計画を覆い隠し、あるいは妨げさえしかねないのか、ということを学ばなければならないのです。神は、多様な歴史を背景にもつ人たちによる新しいほんものの交わり——その前ぶれがペンテコステです——を造り上げようとしておられるのです。

わたし（クリス）にとって、ミシシッピ州ジャクソンの「アンティオキア・コミュニティー」で分かち合った夕の食卓は、共に生きるというヴィジョンのメタファーとして今も心に生きています。一二年の間、毎晩、一〇人から二〇人の人たちが夕食に集まりました。白人と黒人、豊かな人と貧しい人、母子家庭の母親とサッカー・ママ〔郊外に住みながら子どもを育てている豊かな白人女性を指す〕、刑務所から釈放されたばかりのゲストとハーバード大学を卒業したばかりのゲスト、物知り顔な大学生ボランティアたちと近所に住む反抗的な一〇代の若者たち。食べ物を載せた皿が人から人へ渡され、会話が弾むうち、それぞれのアイデンティティーを分けていたくっきりとした線がぼやけていきました。そしてみなそれぞれに、どの部分がほめたたえられるに値し、どの部分にもう少し成長が必要かがわかっていきました。そして何よりも、キリストがこのようになってほしいと招いていてくださるようなコミュニティーになっていくためには、わたしたちがどれほど互いを必要としているかということは明らかでした。だれかが飛び込みで食卓に現れたとき、わたしたちの合言葉は、「もう一人のためのスペースは、いつも空けてある」でした。

もう一人のためのスペースを空けておくというわたしたちの習慣は、相違によって分断していくこの世界のただなかに、ほんものの交わりへの扉を開きます。ペンテコステを映し出す食卓において、キリスト者は、わたしたちが神からいただいた和解という贈りものを証言するだけではありません。わたしたちはまた、壊れ、分断されたこの世界へと遣わされる、神の新しい創造の使者になっていくのです。

正義についてのラディカルな再定義

同様に、聖書の物語は正義を探し求めるようにわたしたちを励ましますが、しかも同時に、この世界と対話していく際に、正義についてラディカルな再定義を差し出してくれています。キリスト者は、聖書の物語のなかから、力弱く忘れられている人に代わって正義を求めるように、との呼びかけを聞きとります。聖書は、正義とは神のシャロームの一面であるという点で一貫しています。シャロームとは、完全性、健やかさ、幸福、繁栄というようなことを担った概念であり、そこには生にまつわるあらゆる側面――個人的なこと・人間関係のこと・国家のこと――が含まれています。さらに、シャロームは神との契約関係、また、神との親しい交わりから生まれてくるものであるゆえに、「聖」と「義」は、正義の意味を求め、しかもそれを実践していく上で、決して欠かすことはできません。

　預言者たちは、このシャロームという観点に立ちながら、常に正義を求め続けています。しかし、聖書の執筆者や預言者にとっては、神の物語の外側、つまり、イスラエルをご自分の固有な民になるようにと招く物語の外側にいるならば、正義はほとんど意味をなさないのです。イスラエルの民が正義の神の聖なるみ名を帯びているという理由によってはじめて、彼らには「正義を行い、慈しみを愛し／へりくだって神と共に歩むこと」（ミカ書六・八）が求められるのです。まるで預言者たちは次のように言っているかのようです。「神との、この固有な契約関係がなければ、正義は中身のない要求になってしまう」。わたしたちの時代において、正義の意味が激しい論争の種となっている理由は、このようなところにあるのかもしれません。共通の物語、そして、共有している人生のヴィジョンがなければ、社会全体で正義の意味について一致することはできないでしょう。

神の物語に注目すると、切迫した思いで正義を求めているだけではなく、和解なしの正義というものはありえない――そしてもちろん、正義なしの和解というものも存在しない――ことを明らかにしています。その両方が、新しい創造に向かう旅に不可欠なのです。このダイナミックな旅においては、正義と平和だけではなく、真実と慈しみもまた互いに出会います。詩編の作者が記しているとおりに（詩編八五・一一―一二）［「慈しみとまことは出会い／正義と平和は口づけし」（一一節）］。しかし、さらに意義あることにも、このダイナミックな出会いの場所で、つまり「まことは地から萌えいで／正義は天から注がれます」（一二節）と記されているその場所で、正義の本質と意味そのものがラディカルに再定義されています。このラディカルな出会いが起こる場所、つまり、わたしたちが交わり（communion）と呼ぶものこそ、使徒言行録二章と四章がペンテコステ直後の状況として次のように語っていることなのです。「信じた人々の群れは心も思いも一つにし」(四・三二)、「信者たちは皆一つになって、すべての物を共有にし、財産や持ち物を売り、おのおのの必要に応じて、皆がそれを分け合った」(二・四四―四五)。そしてこのことは、使徒言行録の別の箇所では、次のように記されています。「信者の中には、一人も貧しい人がいなかった。土地や家を持っている人が皆、それを売っては代金を持ち寄り、使徒たちの足もとに置き、その金は必要に応じて、おのおのに分配されたからである」(四・三四―三五)。

ここに出てくる初期のキリスト者たちは、正義への問いを最初に置いて出発したわけではありませんでした。そうではなく、彼らは神による新しいペンテコステというそれまでになかった新鮮な物語に捕らえられたのです。そして、彼らはその物語の中へと、交わりの中へと引き込まれていきながら、それまで思い描いていたことよりもずっとラディカルな正義を実際に自分たちが行っていることがわかったのです。

聖書から与えられる、和解の旅をかたちづくり支えてくれる贈りものとはいったい何であるか、このほかにも数え上げていくこともできるでしょう。しかし、和解とは、第一に活動のことでも立ち居振る舞いのことでもなく、物語への招きであるということは、もう十分に明らかでしょう。和解とは、神の創造の物語をなぞりながら、それを明らかにしていくことなのです。それは同時に、神の回復の約束を明らかにしていくことでもあります。回復は旅――わたしたちのあいだにある神の約束を現実化される神ご自身の旅――のかたちをとります。聖書の物語に引き込まれるとは、新しい創造へと向かうこの旅に参加するということです。この物語と旅に引き込まれていけばいくほど、わたしたちはますます将来を垣間見ることができるようになっていきます。そして、見ることができるようになればなるほど、わたしたちはためらうことなく次のことを発見できるようになっていきます。いまあるわたしたちの生活、わたしたちの願望、わたしたちの周囲との関わり、わたしたちの生活スタイルが、どれほど神のシャロームというヴィジョンを拒んでいるか、ということを。しかも同時に、それがどれほど神のシャロームというヴィジョンに沿うものへと変革され続けているか、ということを。「しかし、御子が現れるとき、御子に似た者となるということを知っています。なぜなら、そのとき御子をありのままに見るからです」（Iヨハネ三・二）。

第5章　嘆きの訓練《ディシプリン》

二〇〇四年、タイで行われた「世界福音宣教のためのローザンヌ・フォーラム」において、わたしたちがリードした和解をテーマとしたセッションはルワンダを旅しました。国際色豊かなキリスト者リーダー一〇人たちと共に過ごした一週間でした。彼らは、韓国、南アフリカ、そしてアメリカといった紛争の歴史を知る世界各地で、和解を追い求め続けている人たちでした。あのルワンダ虐殺からすでに一〇年。一〇〇日間に八〇万人以上が虐殺されましたが、それは私人による私人の虐殺、しばしば隣人が隣人を殺したためでした。しかし、この虐殺が起きる以前のルワンダはアフリカで最も福音化の進んだ国の一つだと考えられていたのです。

この矛盾としか思えないことを心にとめながら、分断された世界のなかでキリストの誠実な証人であるとはどのようなことであるかを考えるために、わたしたちはルワンダにやって来ました。トラウマと暴力の鮮明な記憶が残る場所、壊れた物語の一端を教会が明らかに担っているこの場所で、わたしたちはそのことを思いめぐらしたかったのです。

首都キガリで迎えた最初の朝、ホテルからバスでキガリ虐殺記念館へ向かいました。ガイドは、わたしたちをコンクリートの厚板が敷き詰められた場所へ連れて行ってくれました。はじめは自分たちがどこに立っているのかわかりませんでした。その厚板は共同墓地を覆うものだったのです。そこには二五万人もの遺体――これはキガリで殺された人だけです――が埋められていました。さらにその空き地の端には、新しい棺が積み重ねられていました。虐殺から一〇年が経っていましたが、共同墓地から野外トイレまでのあらゆる場所で、いまだに遺体の発見が続いているのです。これらの殺害はすべて、教会が爆発的に成長していたさなかに起こりました。

　わたしたちのショックは建物の中に入るとさらに深まりました。解説が付された生々しい展示物や、何が起きたかを映すビデオを目にしたからです。死者たちの血に染まった衣服、そして、人びとが道で殺されたとき、あるいは大虐殺の場となったあちらこちらの教会で殺されたときに身に着けていた日用品もそこに展示されていました。わたしたちは、牧師、司祭、そして数えきれないほど多くの洗礼を受けたキリスト者たちが虐殺に加わったという話を聞きました。そして、虐殺の生存者から、いかに世界が――アメリカ、国連、アフリカ諸国、そして世界中の教会も――この虐殺に沈黙していたかを語るのを聞いたのです。その展示室には、ルワンダ人の女性と若い男性もいました。女性は時おり大きな声を上げて泣きました。若い男性は彼女を慰めようとしましたが、女性は涙を抑えることができませんでした。

　一時間ほどして、わたしたちのグループはゆっくりと記念館をあとにしました。そして、それぞれが吸い寄せられるようにして、正面に設置されている噴水の周囲へ、静かな場所へと向かいました。聞こえていたのは、ザーザーと流れる水の音だけでした。

それまでわたしたちは、和解教育《イニシアティブ》に懸命に取り組んできました。実際に、多くの人たちから、和解のエキスパートと呼ばれたこともあったでしょう。しかし、わたしたちは言葉を失っていました。キガリにある虐殺記念館で沈黙し、涙するしかありませんでした。

壊れた世界におけるわたしたちの第一言語

徹底的に壊れてしまっているこの世界において、教会の第一言語は戦略《ストラテジー》ではなく、祈りです。和解の旅は、この世界の激しい裂傷を見て、それと出会うようにとの招きに根ざして行われます。この旅を真実に歩もうとするとき、わたしたちは文字通りスローダウンすることになります。わたしたちが招かれているのは、いかなる説明や行動も安易すぎ、早すぎ、浅薄すぎる場所――その場にふさわしい応答は神への絶望的な叫びでしかない空間――です。わたしたちは苦悩に満ちた嘆きの叫びを学ぶように召されているのです。

嘆きとは、マーティン・ルーサー・キング・ジュニア牧師が、モントゴメリーの自宅のキッチンテーブルで、たび重なる殺害の脅迫を聞いたのちの叫びです。「主よ、わたしはここで正しいことをしようとしています。……しかし主よ、わたしは告白しなければなりません。わたしは弱いのです。倒れそうです。勇気を失いそうです。今、怖いのです。……もう力の限界です。もう何も残っていません。一人で立ち向かうことのできないところまでわたしは来てしまっています[1]」。

これは、孤立した叫びではなくキング牧師が学んだ叫び、奴隷制度によって文字通り引き裂かれたアフリカ系アメリカ人家族のあいだで代々受け継がれてきた叫びです。嘆きの叫びは、黒人霊歌を通してキング牧師へと引き継がれてきたのです。「時々わたしは母のない子どものように感じる、家から遠く引き離されて。……時々わたしはどうしようもない思いになる、故郷から遠く引き離されて……」。[“Sometimes I Feel like A Motherless Child”（時には母のない子のように）の歌詞]

嘆きとは、捕囚の身となったイスラエルの詩編作者たちの叫びです。神に捨てられたと感じ、必死に問いかけるのです。「主よ、あなたはどこにおられるのですか?」また、あまりにも時機を失している神に悩まされた詩人たちの叫びです。「なぜ、あなたはこれほど待たせるのですか?」「貧しい者たちは打ちひしがれています。邪悪な者たちが勝ち誇っています。あなたにはそれがおわかりにならないのですか?」詩編作者たちにとって賛美と嘆きの祈りは双子の姉妹であり、この二人はときには歌い、ときには泣き、いつも手に手をとって歩んでいるのです。

嘆きとは、絶望ではありません。泣き言でもありません。虚空に向かって発せられる叫びでもありません。嘆きは、神に向かう叫びです。この世界の深い傷という真実を見た人びと、そして、平和を求める途上での犠牲を見た人びとの叫びです。それは、今目にしている物事にひどく悩まされている人びとの祈りです。わたしたちは、詩編作者たちが何を見て何を感じているのかを、見て感じることを学ぶように、そして、彼らの祈りにわたしたちの祈りを合わせるように求められています。和解の旅とは、嘆きの実践《プラクティス》［習慣とも訳すことができる］に基づくものなのです。

嘆きへの招きは、聖書の実に多くの箇所に――特に詩編、エレミヤ書、哀歌、福音書などに――見出すことができます。また、信仰の証言者たちの文書にも表現されており、そのことは教会の歴史に一貫しています。嘆きは、この壊れた世界において、よく生きるために何を学ばなければ（learn）ならないか、また、何を捨て去らなければ（unlearn）ならないのかを、繰り返しわたしたちに教えてくれます。もしもわたしたちが、イエス・キリストにおいてすべてのものを和解させようとする神のご計画に加わろうとするならば、わたしたちはまずこの叫びに耳を傾けることから始めなければなりません。

ラマで聞かれる声――慰められることを拒む

マタイによる福音書は、殺人と死というブックエンド――その一つは主イエスの物語の開始時に、もう一つは物語の終わり近く――によって枠づけられています。それぞれから、苦悶にのたうつ二つの嘆きの叫びが挙げられています。第一の叫びは、悲しみに打ちひしがれた母親の叫びです。第二の叫びは、苦悶する神の子、十字架上で死にゆく者の叫びです。「わが神、わが神、なぜわたしをお見捨てになったのですか」（マタイ二七・四六）。
マタイによる福音書の冒頭にある第一の物語には、異常な発言が記されています。ベツレヘムの母親たちは泣き続けています。幼い男の子たちが、幼な子イエスを殺そうと謀る恐ろしいヘロデ王によって虐殺されたからです。マタイは、エレミヤの言葉にあるラケルのイメージを想起させながら、母親たちの悲しみに声を与えています。

「ラマで声が聞こえる／苦悩に満ちて嘆き、泣く声が。ラケルが息子たちのゆえに泣いている。彼女は慰めを拒む／息子たちはもういないのだから」（エレミヤ書三一・一五）

ラマからの声は、慰められることを拒んでいます。自分たちを慰める安易な方法があふれたこの世界において、この言葉には深い意味が湛えられています。ラケルの叫びは、この世界の苦しみの深さと真実を精神的なものにしたり、言い逃れしたり、無視したり、否定したりすることを拒みます。彼女は、なだめの言葉も「みんなで仲よくやっていきましょう」といった決まり文句も拒否します。彼女の拒絶は、癒やされることを断念するという大きな犠牲を払いながら、この世界の断裂や傷と真剣に向き合うものです。それは、世界の現状、そして、不可避のことと思えるような破れに対する異議申し立てです。ラケルは、この悲しい真実が自分の中心を揺さぶることを止めようとしません。ラケルが記憶されているのは、このような姿のゆえでした。

ラマからの悲嘆の声は、和解の旅を、真実、犠牲、回心を学ぶ旅としてかたちづくります。嘆きは、わたしたちの根本にかかわる変革の旅へとわたしたちを呼び出すのです。嘆きの実践《プラクティス》がわたしたちの前に備える道を歩み出していこうとするならば、わたしたちは三つのことを捨て去らなければなりません［捨て去ると訳した言葉はunlearn。すでに学んだことをあえて忘れ去る、という意味を持つ］。それは、スピード、距離を置くこと、潔白さです。

傷に寄り添う――スピードを捨て去る《アンラーン》

わたしたちの世界は、スピードの虜になっています。わたしたちは、世界の飢餓をなくし、アフリカにおけるエイズの危機を解決したいと願います。そこで、そうしたことを速やかに行いたいのです。希望が効力あるものとなるためには、まず注目を浴びなければなりません。そうして、人の熱望を煽り立て、スタジアムをいっぱいにし、テレビで取り上げられ、奇跡を起こし、協力者の繁栄を約束してみせるようになっていきます。「暴力の克服」「貧困の撲滅」といった壮大な約束のもとで、キャンペーンが企画されます。キリスト教の成長の度合いでさえ、回心者の数や新しく開拓した子教会の数で評価されます。すべてのことが、より速やかに行われるほど、よりよいとされています。

平和構築の専門分野でも、「製品保証」とよく似た考えが広まっています。それは、わたしたちが正しいスキルを身につけさえすれば、和解は大きくて目に見える一定の成果を収めながら進んでいくだろう、というのです。平和構築は、単なる技術的なものになりつつあるのです。「このレバーを引き、あのボタンを押せば、確実に平和へ向かっていく」といったように。

わたしたちは、デューク大学神学部の学生だったカレンのことを忘れることができません。彼女は奉仕のために、目を輝かせながらトロント近郊のラルシュ・デイブレイク共同体に到着しました。その共同体は、わたしたちが研修先に指定している共同体の一つです。国際的な組織であり、和解の共同体を構築していくことについて、共有すべき知恵がたくさん蓄えられている場所でもあります。ラルシュは、障がいのある人とそうでない人とのあいだで長い期間続いていく共同体を維持するために、いったい何が必要であるかを知っています。カレンは、「専門家」たちから学べることをとても喜んでいました。

けれども、カレンはまもなく、一部のスタッフ――彼女が学ぼうとしていたまさにその人たち――のあいだにひどい分裂があることを知ることになりました。夏の実習のあいだ、彼女はラルシュがそれまで学んできたことを学んだのです。この世界の痛みの深い場所に存在する分裂に熱心に関われば関わるほど、自分たちの何が間違っているのかという真実がさらに表面化していきます。わたしたちが嘆きを学べば学ぶほど、成長し、赦し、いかに愛するかを学ぶためにさらに時間が必要であることがわかっていきます。わずか二人のことでさえ、この旅を歩むのに時間がかかるのであれば、もっと多くの人たちが変革されていく旅に出た場合には、いったいどれほど時間がかかることでしょう？

嘆きは、スピードに対しては悲観的に捉えます。嘆きは、和解へ向かうスピードを緩めます。なぜなら、嘆きは、変革を迫る呼びかけは頂点からではなく周縁から――まさに底辺から――やって来ると見るからです。嘆きは、ラマで起きた殺人、バビロン捕囚、エルサレム城外での十字架、キガリの共同墓地、ハリケーン「カトリーナ」ののちにニューオーリンズのスーパードームに収容され、見捨てられたままの被災者たち［「カトリーナ」は二〇〇五年八月末にアメリカ南東部を襲った大型ハリケーンに付けられた名前。ルイジアナ州ニューオーリンズの被害は特に大きく、街の八割が水没した。多くの市民がスーパードームと呼ばれる競技場に避難したが、救済策が不十分で、特に家を失った黒人貧困層がそのまま放置された］の視点から――そしてそれはまた、長い結婚生活に破綻が生じてしまい、それを食い止めるすべがないと感じている夫婦という身近な視点からであっても――この世界を見るように教えてくれます。変革というものを底辺から見ると、まるで異なったものに見えてくるのです。

世界規模《グローバル》になればなるほど、和解は堂々たる姿を示します。しかし逆に、地域《ローカル》が限定されればされるほど和解への歩みのスピードは遅くなり、ますます壊れやすいものとなっていきます。平和をプロデュースします、というような壮大な「製品保証」は、まさにその場所においてエレミヤの言葉に出会い、破れを表面的に扱うことの危険性に直面させられることになるのです。「彼らは、わが民の破滅を手軽に治療して／平和がないのに、『平和、平和』と言う」（エレミヤ書六・一四）。

わたしたちの最も身近なこと——自分の家庭、家族、そして教会——から和解を評価するとき、スピードは壁に突き当たります。いったいどういうわけか、この世界は暴力を克服する世界規模《グローバル》のヴィジョンを語るのに忙しいのです。しかしわたしたちは、自分たちの教会に集う人たちの結婚生活を修復したり、仲たがいした親戚との関係を元に戻したり、自分たちを傷つけた相手に対する怒りを克服することとさえできないでいます。

どの都市にも忘れられたままのコミュニティーがあり、その場所にはできるだけ近づかないでおこうとされている地域があります。最も深刻な貧困、暴力、家庭崩壊、犯罪率といった問題が集中しているそれらの場所には、大いなる真実が隠されているのです。その地域に何十年も住み込みながら働いてきた人たちは、変化していくために必要なほんとうのペースと、その不安定さがわかっています。というのは、そこでは一歩進むごとに、まるで一歩後ずさりしているかのように感じられることが頻繁にあるのです。

奇妙なことです。わたしたちは経験から、貧困や暴力を「終わらせる」試みの難しさや、そのために必要な犠牲について知っています。わずか一箇所の村や近隣地域においてもそうなのです。その一方、貧困や暴力に対する二〇二〇年までの壮大で世界的なプランを公表することもできるでしょう。わたしたちが指摘したいのは、生活が著しく変わることなどない、ということではありません。それは可能であり、そのようになるでしょう。けれども、忘れられたコミュニティーがわたしたちの世界のトラウマの傷のほんとうの深さをいかに明らかにしているか、ということを知ることを学ばなければなりません。特定の地域にある嘆きは、壁を取り壊し、それまでとは異なる人びとになっていくためには長い旅が必要であることを忘れないようにさせてくれます。そして、時間をかけながらほんものの変革が生じていくよう、ゆっくりと日々の働きに取り組んでいくように、わたしたちを整えてくれるのです。

まさにその場所で、スピードは歴史の壁に直面し、記憶を排除した和解という危険――歴史の傷を忘却しようとする誘惑――を指し示します。嘆きは、過去と真剣に向き合うように、また、はっきり記憶にとどめることの難しさを引き受けるように、わたしたちを招くのです。わたしたちの友人のデヴィッド・ポーター（David Porter）は、ベルファスト［イギリス・北アイルランドの首府］にある現代キリスト教センターのディレクターをしており、プロテスタントとカトリックのあいだの分断や暴力という苦しみのただなかで、何十年も労してきました。彼は、平和を構築するためには、紛争が生じた期間と同じくらいの年月が必要であると――そして、北アイルランドの苦しみは何百年もかけて生まれてきた、と言葉を加えながら――主張します。嘆きは、暴力を終わらせて和解を達成しようという自信満々の発言に抵抗するのです。わたしたちが最善を尽くすことができるのは、平和や和解を追求することです。政治的な解決は、もしもそれがほんものであるなら効果を上げるでしょう。しかし、和解とは、単に紛争に政治的な決着をつけることではなく、また、癒やしが不在のままの調停を結ぶことでもありません。

わたしたちの友人が、宣教師たちによる国際的なグループといっしょに貧困との闘いのために働いていたときの体験を詳細に話してくれたことがあります。あるミーティングのとき、一人の参加者がこのような提案をしたそうです。人びとが貧困からどうしたら脱していけるかということについてもっと自分たちが考えを深めることができるように、貧しい人たちから何人かをこのグループに招き、その人たちに助けてもらいながら計画を進めることがよいのではないだろうか、と。すると、すぐに別の参加者が異議を唱えました。「そんなことをしたら、わたしたちの計画が遅れてしまう」。

彼がそのように言うのは、もっともです。けれども、わたしたちにとって必要なことは、ペースを落とすことなのかもしれません。わたしたちは表面的な部分で働きながら「解決」を急ぐことが実に多いのですが、それはただわたしたちの破れを覆い隠すことでしかないことが実に多いのです。嘆きは、スピードを好む習慣を捨て去る《アンラーン》ようにとわたしたちを招くのです。

ラマへ行く――距離を置くことを捨て去る《アンラーン》

スピードの問題と密接に関係しているのが、苦しみとの距離の問題です。マタイによる福音書をブックエンドのように両端から挟み込んでいる嘆きは、特定の場所へ――ラマのラケルの傍へ、カルバリのイエスの傍へ――近づいていくようにと、わたしたちを押し出します。嘆きは、そこで起きた殺人や死の恐怖を見るように、見捨てられた者たちの叫びを聞くように、わたしたちが困惑するように、そして、具体的な場所で具体的な人びとのすぐそばで痛みにたたずみながらいったい何が問題であるのかを理解するように、とわたしたちに強いてくるのです。

どこにいても嘆きを学ぶことができるわけではありません。ある特定の場所で学ぶことができるのです。不動産とは土地や建物のことであるように、嘆きとは場所のことなのです。そうです、場所、場所、場所、場所。そこから嘆きを切り離すことはできません。

イスラエルの詩編作者の嘆きは、約束の土地ではなく、バビロンで噴出しました。黒人霊歌「時には母のない子のように」(Sometimes I feel like a motherless child) は、どの人でも、どこにいても、ほんとうの意味でそのように感じたり、歌ったりすることができるわけではありません。それは、この歌が生まれた場所――アメリカの奴隷制時代の社会の周縁という場所――で感じられ、思い出されなければなりません。嘆きの叫びと祈りは、危機に瀕して苦しんでいる人びとから生じるのであり、心地よさを満喫している人びとから生じるのではありません。嘆きとは、ものごとを自由にできる人びとではなく、危機のなかにあって自分にはほかになすすべがないことを知っている人びとの言語であり、その場所とかたく結びついた言語なのです。

二〇〇一年九月一一日に起きた事件［航空機を用いたアメリカ同時多発テロ事件］の後、旧約聖書学の教授であるエレン・デイヴィス（Ellen Davis）は、デューク大学神学部のフォーラムで次のことに注意を促しました。それは、聖書にある嘆きの祈りは、この世界で権力を持つ側の人によって書かれたのではなく、自分たちにはなすすべのないことを知っている周縁の人びとによって書かれたという点です。九・一一の事件による損失は恐ろしいばかりのものでしたが、エレンは、強大な軍事力を持つアメリカに対して、詩編作者の言葉を国家の言葉に変えないように警告しました。

なぜ、「虐げられている」「貧しい」「最も小さい」人びとが、聖書全体をとおしてこれほどまでに目立つのでしょう？　おそらく、最も弱い立場にある人びとのすぐ近くに神は近づいて来られる——それは、彼らの罪が小さいからということではなく、罪の力の標的にされているゆえに——ということを、わたしたちに示すためなのでしょう。彼らは、おそらく最も嘆き続けている人たちなのです。この破れにある真実を語ることによって、わたしたちもまた嘆くことを学びます。だれよりも罪の標的とされた人たちに近づいていくときにわたしたちに与えられている使命とは、何よりも先に「改善する」ことではなく、そうした出会いが引き起こす痛みによって、自分自身が困惑することを受け入れることなのです。

わたしたちの知人である若い女性は、アイビー・リーグ［アメリカ北東部にある名門私立大学の総称］を卒業後、名誉ある奨学金を得て、デューク大学神学部で学ぶためにやって来ました。彼女は、教会の内部から湧き上がった正義を求める運動の指導者となり、「女性マーティン・ルーサー・キング」になりたいとの大きな計画を描いていました。けれども、神学部で学んでいるあいだに、彼女は「ルトバの家共同体」に関わるようになったのです。この共同体はキリスト者たちによる小さなグループであり、地味に、しかし思いを込めて、ウォール・タウン――ダーラム［デューク大学のある町］のなかでも最も周縁に置かれた人びとが暮らす街路――に住む人たちと関わりながら生活をしていたのです。彼女は、貧困と人種差別と依存症に立ち向かいながら苦闘している人びとを知るようになり、そこである変革を経験しました。彼女自身の言葉で言えば、自分の人生の「マスター・プラン」を捨てたのです。彼女は、自分が助けてあげていると思っていた人たちと同じほど自分が変わる必要があると確信し、ウォール・タウンに移り住んでその街の住人となり、そこで終生暮らす決心をしました。

わたしたちは、その問題の一部分である――潔白であることを捨て去る《アンラーン》

わたしたちがラマからの声に抵抗しようとするもう一つの手段は、ニーズのある場所や紛争が起

きている場所へ援助を送りながら、自分たちは潔白であり、問題の解決に当たる側の者たちだと捉えてしまう傾向です。わたしたちは、教会がこの世界の問題に対する答えであると信じたいのです。けれども、キリスト教の真実そしてそこにある壊れた風景は、いつでも信仰による誠実そして悲劇が入り混じった複雑な物語をたずさえています。

ルワンダ出身の友人が、自国で起きた虐殺について次のように語ってくれました。「これらすべてのことが起こったとき、そこに教会はありました。キリスト者たちは――聖職者たちさえも――殺人に加わりました。しかし、神が和解の任務をお委ねになった教会は、どこにあるのでしょう？その教会は、いったいどこにあるのでしょう？」

これらすべてのことが起こったとき、そこに教会はありました。このことはルワンダだけではなく、北アイルランドのカトリックとプロテスタントから、アパルトヘイト時代の南アフリカに至るまで、「キリスト教」に深く根ざした他の地域にも言えることでしょう。キリスト者たちは、多くの場所で破れを激化させてきた罪を負っています。わたしたちはあまりにも多くの場合、社会の破れについて証言するよりも、むしろそれを再生産してきたのです。

それでは、法律上の人種差別が廃止されてから四〇年が経ったアメリカの風景ではどうでしょう。人種問題の歴史の轍《わだち》がいまだに最も深く刻まれている場所はどこでしょうか？ それは、人種統合が進んだ軍隊でも職場でも地域のショッピングセンターでもありません。今なお事実上分離されているキリスト教会です。九〇パーセントの白人のキリスト者は白人だけの礼拝を、そして九〇パーセントのアフリカ系アメリカ人のキリスト者は黒人だけの礼拝を続けておきながら、まるで正常なことをしているかのようなふりをすべての人がしています。人種のことは自主自立で互いに干渉しあうべきではない、との認識が広く行き渡っているため、白人と黒人、いずれの側からも異議申し立てのつぶやきさえほとんど聞かれません。アメリカにおける人種間の歴史の轍はアメリカの教会のDNAに組み込まれており、そのために、わたしたちは人種が分離された安息日を、ある種の生物学的な事実であるかのように受け止めてしまっています。

だからこそ、教会自体に存在している破れの真実に目を注ぎ、それを指摘して明らかにしていくことは大切なわざなのです。もしもそうでなければ、「現在の状況」がそのまま受け入れられてしまうことになります。それは自然なこと、受容可能なこと、そして避けることのできない必然的なことであるとさえされてしまいます。

深くにある相違と分断に関わっていけば関わっていくほど、わたしたちはますます長くそこに留まることになります。そこでますます明らかになっていくのは、自分たちもまた共犯者であり、自分が変えられることにどんなに抵抗しているかということです。嘆きを学ぶとは、教会を壊れた存在として見るだけではなく、どれほどこの自分もまた共に罪を犯しており、どれほどこの「わたし」が問題の一部であるか、ということを知っていくことでもあるのです。

ジャン・バニエは、よくこんなことを語ってくれます。重度の障がいのために施設に入所していた二人の男性といっしょに暮らすため、バニエが二人を初めて招いたとき、自分は何とか彼らの生活がよくなっていくようにと願っていた。そこで、社会の一員として生きることができるように援助することで、二人に奉仕しようと思っていた。しかし、共に生活する日々のなかで、この新しい友人たちはバニエが望んでいたペースやり方では変わりたくはないと思っていることがわかってきた。しかも、二人が見せる抵抗に、バニエは怒ってしまった。その怒りによって、支配したいという自分のなかにある欲望があらわにされた、というのです。最初バニエは「援助する」というヴィジョンを描いていましたが、それは、自分自身を問うものではありませんでした。バニエは、神から与えられた自分の任務《ミニストリー》は、要するに彼らを変えることに尽きる、と考えていたのです。しかしバニエは、自分自身も変わる必要があるということをやがて学んでいきました。

勝利主義へ向かう傾向は、わたしたちの自己批判の力をむしばんでいきます。繰り返しますが、このようなあり方は「わたしたちは何をしたらよいのか？」という問いから始めることにある問題を浮き彫りにします。この問いが問題なのは、そこでは決して「わたしたち」を問い正すことがないという点です。しかし、わたしたちは問われるべき存在――壊されることさえ必要な存在――であり、その問いによってわたしたちは変革されていくのです。

嘆き――打ち砕く力

聖書における嘆きは、和解とはロマンティックなものではない、とわたしたちに教えてくれます。わたしたちは、自分がどれほど奥深くまで捕らわれた存在であるかを理解していません。わたしたちは、悔い改め抜きの和解のほうを好むのです。スピード、嘆きと距離を置くこと、そして潔白であることを求めるわたしたちの欲望は根深いものなのです。それらは、闘いなくしては追い払うことができないものでしょう。そして、その闘いのために犠牲を払うことを避けることはできません。嘆くとは、断ち切るという、真実と和解を求めるがゆえの大きな犠牲とによって心を捕らえられてしまうことなのです。嘆くことを学ぶとは、打ち砕かれることです。

ふつう回心は、大切にしていた願望や夢が砕け散ったまさにその場所で生じます。嘆きを学ぶとは、自分に死んでいく道へ足を踏み入れていくことであり、そのことがまさに和解の旅の中心となります。わたしたちはこの道をたどりながら、主イエスと共に、「わたしの願いではなく、あなたのみ心が行われますように」との言葉を口にしながらゴルゴタへと旅をしていきます。嘆きを学ぶとは、深い決裂状態にあるこの世界の現実、そして、自分もまたこの破れた現実に加担しているというわたしたちの真実の岩の上で、わたしたちがわたしたちなりに思い描いていた変革のビジョンが砕け散っていくのを見ることなのです。

エルサルバドルの人びとは、オスカル・ロメロ大司教を、貧しい人たちと正義のために、自分の命を捨てて立ち上がった殉教者として記憶しています。けれども、彼が大司教に選ばれたのは、そのラディカルな政治行動によってではありません。まったくその逆です。ロメロが選ばれたのは、それまで一貫して現状を支持してきた経歴をもつ、無難な学者だったからでした。しかし、ロメロが大司教に選ばれたのち、神学校時代からの友人であり、地方教区で貧しい人びとの自助グループの結成を助けてきたルティリオ・グランデ神父を、エルサルバドルの軍隊が射殺しました。死の知らせを聞いたロメロは、友人の体が横たえられたアグイラレスという小さな町へ向かうため、夜通し車を走らせました。彼を知る人びとは、その夜を境にロメロはすっかり変わったと証言します。友人が殺されたことにより、ロメロの世界観は砕け散ったのです。ロメロは、政府の圧制政治に対して発言し始めました。この世界において、それまでの古い自分のあり方でいることはもはやできなくなってしまったのです。嘆きが彼を変革したのでした。

嘆き——ほんとうの希望に向かう回心

もしも嘆きとは、死の道をたどることであるとするならば、それはまた、新しい何かへと起き上がらせていただく道でもあります。打ち砕かれる経験をしない限り、新しい何かが入り込んでくることはできません。このように、嘆きと希望が関係しあっていることは極めて重要です。

第一に、嘆きのない和解は、希望を安っぽいものにしてしまいます。真実に基づかない希望は、現実の希望ではありません。ロメロが友人の遺体の傍らに立ったときに垣間見た神の正義と平和のヴィジョンは、彼が神学校で学んだいかなる「解放の神学」よりもずっとラディカルなものでした。大きな犠牲を求めることのない希望は、それがいかなる希望であっても貧しいものです。嘆きは、わたしたちが知るよりもさらにラディカルな希望を生み出すのです。

第二に、現在の状況に深く悩まされることは、それ自体が希望の印です。打ち砕かれない限り、わたしたちは希望を抱くことができないのです。嘆きには、もっと深い何か、超越した何か、新しい何かを求める必死な思い——さらに言えば、要求——が込められています。慰めをすぐには受け入れられない人たちは、心が休まらない（restless）状態になっているのです。そのような人たちは、異なるヴィジョンを受け取るために、自分の手を空にしているのです。そのようにして、もっとすばらしい希望を受け取る備えをしているのです。

第三に、嘆きとは、絶望でも虚空に向かう叫びでもないことを心に刻んでおくことがとても重要です。嘆きは、神に向けられた叫びです。嘆きは、祈りなのです。デズモンド・ツツ（Desmond Tutu）［一九三一年—。南アフリカでケープタウン大主教を務めた］は、南アフリカのアパルトヘイト政策に抵抗する運動のさなか、友人の葬儀の場で泣き叫びました。「なぜこれほど大きな犠牲を払わなければならないのですか？」しかし、同じ嘆きの祈りのなかで、彼はまた宣言するのです。「神よ、わたしたちはあなたが勝利されるのを知っております」。嘆きは、唯一の絶対的な神への叫びです。嘆くとは、神が介入してくださらなければ和解はありえないと認識することなのです。

そして最後に、嘆きをとおして、わたしたちは厳しい場所へと歩みを進めていきます。それは、わたしたちには和解に「到達する」ことはできないことを知る場所です。和解はいつでも神からの贈りものとして訪れます。新約聖書は、この贈りものをメタノイア――向きを変えること、変えられること、回心――と呼びます。嘆きは、和解を長い旅、大きな犠牲をともなう旅としてかたちづくります。それは、神が差し出してくださる贈りもの――赦し、わたしたちが払う犠牲には価値があるという約束、苦悩の場所に留まりながら神からの応答を待つ忍耐――を受け取らなければ、不可能な旅なのです。

嘆きの訓練《ディシプリン》を受ける方法――巡礼、居場所を変えること、告白すること

嘆きとは、ある意味で訓練《ディシプリン》されるべきものであり、そのことがヘブライ人への手紙に語られています。「およそ鍛錬《ディシプリン》というものは、当座は喜ばしいものではなく、悲しいものと思われるのですが、後になるとそれで鍛え上げられた人々に、義という平和に満ちた実を結ばせるのです」（ヘブライ一二・一一）。嘆きは、平和とはほんとうはどのようなものなのかを知る美しさ、この世界に対してそれまでとは異なる平和のヴィジョンを生み出す美しさへと向かう、辛抱を要するトレーニ

ングです。

嘆きの訓練について学び、そしてその訓練を受けていく三つの方法は、巡礼、居場所を変えること、公に告白することです。これら一つ一つの実践が、スピード、距離を置くこと、潔白さを捨て去る《アンラーン》のに必要な助けを与えてくれます。

巡礼の実践は、スピードを捨てる方法です。ティフニー・マーレイ（Tiffney Marley）は、デューク大学神学部にある「黒人教会研究所」のディレクターであり、何年ものあいだ、学生やその他の人たちを二週間にわたる「痛みと希望の巡礼」へと引率してきました。巡礼地として選ばれたのは、南アフリカ、ブラジル、ルワンダ、ウガンダ、そしてわたしたちが住むダーラムなどです。このような旅は、南アフリカ人牧師であるトレヴァー・ハドソンから感化されたものでした。彼は、教区内の白人の南アフリカ人だけを連れて、ヨハネスブルグから数マイル離れたソウェト［一九七六年、南アフリカ政府の教育政策に対して学生を中心とする黒人たちが起こした激しい抵抗運動、「ソウェト蜂起」の地として知られる］に行き、そこに滞在し、その地に住む黒人たちと数日間生活してみるという初めての体験をいっしょにする、「巡礼」を行ったのです。

旅をすること、痛みと希望の場所と出会うこと、歴史や文化に関わること、周縁に置かれた人びとに仕えつつ共に時を過ごすこと、礼拝すること、休息すること、黙想すること、そうした深みのあるリズムを大切にしたひと巡りの体験をとおして（これらは伝統的な「ミッション・トリップ」［アメリカの多くの教会で行われている短期のボランティア旅行」ではたいてい見落とされてしまう要素です）、「巡礼者たち」はそれまで自分たちがいた世界に徐々に介入してくる異なる世界とゆっくりと直面させられていきます。このような巡礼は、宣教《ミッション》の姿勢とは大きく異なっています。巡礼の目的は、解決することではなく捜し求めることであり、援助することであるよりもただそこにいることです。巡礼者は目的に向かって急ぐことはせず、叫び声を聞くためにスピードを落とします。巡礼者たちは、何か効果を及ぼそうとすることよりも、そこで新しい友人ができることを楽しみにします。巡礼のペースがゆっくりになればなるほど、さらに黙想が深まっていきます。

この巡礼は、そこに住む初対面の人たちを助けることよりも、彼らと一緒に食事を共にするために出発します。彼らは、ルワンダの格言で言われている変革のための知恵によって旅をするのです。「もしも、食べるときにその口から出る音をあなたが聞くことができないのなら、その口が叫ぶ声も聞くことはできない」。何かの効果を及ぼそうとする取り組みは多くありますが、それが自分たちに効果を与えてくれるとは限りません。見知らぬ土地に出かけて行って家にペンキを塗る人ではなく、むしろ、そこで友人をつくり、変革されていく人こそ、長い期間続いていく効果を受けるのです。巡礼者は、「新しい人」になって帰って行きます。旅によって変えられることによって、彼らが住むこの世界を変えていくのです。

居場所を変える実践とは、困難を抱える場所に自分のからだを運んで行き、そこで困惑させられるようになるまでの長時間、その場所に留まり続けることです。それは、距離を置くことを捨て去る方法です。ダーラムの町では、年間四〇人もの人たちが銃による暴力によって死んでいます。「非暴力都市ダーラムのための宗教連合」(The Religious Coalition for a Nonviolent Durham) のディレクターであるマーシャ・オーエン (Marcia Owen) は、数年前、だれが殺されたのかを見つけ、故人の家族や友人を探し出し、殺人の現場でヴィジル［夜を徹して祈る集会。伝統的には復活祭前夜に行われる］を行うために時間を用いはじめました。以来、殺された何百もの人たち一人一人のために、このたゆむことのない (restless) 白人女性は多くの人たちと共に、殺人が起こった場所で集まり続けてきました。そして、被害者の家族や友人たち、近隣住民たちと共に祈り、叫びの声を上げています。

こうした死は、もはやダーラムのニュースで大きく報じられることはありません。しかし、マーシャと彼女の友人たちは、忘れられた地に赴き、嘆いている人たちと共に嘆き続けるのです。彼らはそのようにすることで、ダーラムの町を困惑させ続けているのです。そのとき彼らは、手を取り合って人びとの注意を引くことで、ここに危機があると指し示し続けています。彼らは、このような殺人が起こるのは正常なことでも不可避なことでもないと宣言し続けています。彼らは、真実がある困難な場所へと、自分の居場所を移し続けます。彼らは、教会が自己満足して無関心にならないようにと要求し続けます。彼らは、神が目を注いでくださることを求めて、忘れられた地から見上げ続けています。彼らは、人びとを困惑させながら、しかも巧みなしかたで説得し続けているのです。息子や娘が殺されたとき、慰めを拒んだダーラムの苦悩に満ちた母親たちと、彼らは共にいるのです。

公に告白する実践は、潔白さを捨て去る方法です。わたしたちが自分の道からはずれて具体的な場所へ行き、この世界の痛みに近づき、そこに留まることを学ぶとき、課題となることがあります。それは、そこにある真実に名前を与えてを明らかにし続けること、困惑させられ続けること、恐ろしいほどの破れの深さを記憶し続けることです。詩編にある嘆きの祈りは公の祈りであり、礼拝を中心とした共同の生活のなかで読み上げられたり、生活の中に取り入れられることが前提とされています。教会の歴史においても、修道院の聖務日課や、地域の教会での毎週の礼拝において共同で読まれてきました。いったいどのようにしたら、この詩編のように祈ることができるようになるのかを学んでいくことはとても大切なことです。このような祈りを公の礼拝において祈ることによって、ある意味では、わたしたちが真実を伝えることができるようになり、また、わたしたちの周りにある破れと自分が実際にどのような関係にあるかを告白できるようになるのです。

それでは、実際にダーラムのような町においては、いったいどのようなものとなるのでしょうか？　死の場所からは距離のある教会で共同の祈りがささげられる場合には、前週にこの町で殺された人びと、そして彼らを殺してしまった人びとの名前を挙げて覚える時間を取るのもよいかもしれません。犠牲者の家族や友人を覚え、その叫びにわたしたちの叫びを合わせるのもよいかもしれません。わたしたちがこの破れに関心を向けてこなかったこと、また、神が目を注いでくださるように求めてこなかったことを告白するのもよいかもしれません。このような共同の祈りと告白によって嘆きの三つの印――真実、犠牲、回心――が、極めて現実的に見えるようになっていきます。

もしもそのようなことをすれば、落ち着かない思いになるでしょうが、しかしそのことが大切なのです。このような祈りは、実に居心地の悪い場所をつくることになります。しかしその場所でこそ、わたしたちは公の場で真実を語ることを学ぶのです。しかもその一方で、このような祈りは、わたしたちが歩むべき道がわからなくなってしまったとき、わたしたちが自分の身に余ることに取り組んでしまっているとき、わたしたちがどこへ向かっているかがすっかりわからなくなってしまっているとき、それでもこの旅に留まり続けていく勇気を与えてくれるかもしれません。嘆きは、先へ進んでいく力を得るためには神に目を注ぐようにと教えます。スピード、距離を置くこと、潔白さを捨て去ったのち、わたしたちは、この壊れた世界のなかに、それまでとは異なるしかたで存在することを学んでいくのです。

デューク大学神学部の学生だったスーザンは、ある夏、ダーラムにある病院のチャプレンとして、新生児の集中治療室で働きました。ある日のこと、アフリカ出身の家族が、四か月にわたって病院の治療を受けた赤ちゃんを亡くしました。母親は打ちのめされ、悲しみに暮れました。スーザンは彼女と祈りました。それが終わると、スーザンは次の光景を見たそうです。二人の看護師が母親のところへ来て、赤ちゃんの身体の清拭を手伝いたいか、と尋ねました。そして、いっしょに赤ちゃんの身体からチューブを外しました。母親と二人の看護師は赤ちゃんのそばに立って体を洗いながら、命を終えた赤ちゃんにいっしょに歌を聞かせ始めたそうです。三人は泣き、悲しみの激しい感情をあらわにしていました。看護師たちは、母親の悲しみや痛みを避けて通ろうとはしなかったのです。看護師たちはこの母親に、これは神のご計画であった、などと告げませんでした。母親を何とか元気づけようとはしなかったのです。看護師たちがしたことは、生々しい感情を注ぎ出す美しい河口を与えることでした。

嘆きを学ぶとは、この世界の傷の近くに留まる人になっていくということです。傷を負った人びとを歌で覆い、洗い、痛みのために止めることのできない叫びを周囲に響かせるようにすることです。スーザンが自分の体験について強調していたのは、嘆きはわたしたちが変わるようにと招いている、ということでした。彼女は問いました。「わたしたちに、このように傷つきやすくなっていく備えがあるでしょうか？」。

1　Martin Luther King, Jr., *The Autobiography of Martin Luther King, Jr.*, ed. Clayborne Carson (New York: Warner Books, 1998), p. 77［クレイボーン・カーソン編『マーティン・ルーサー・キング自伝』梶原寿訳、日本キリスト教団出版局、二〇〇二年。本書の翻訳は原文より。］

第6章　壊れた世界における希望

マタイによる福音書は、嘆きと死という枠で囲われて構成されています。そのことを忘れるならば、この世界の傷をあまりにも軽く取り扱うことになってしまいます。

しかし、嘆きと死は、この福音書において最初の言葉でも最後の言葉でもありません。物語は、神の子がこの世界に来られたという贈りものについての話から始まり、主イエスの復活と昇天をもって終わります。この福音書の物語は、イエスの受肉と復活の希望のなかで始まり、終わるのです。このような大きな希望のヴィジョンがなければ、わたしたちは滅びます。

けれども、わたしたちの世界において、希望は楽観主義や成功と混同されてしまうことがよくあるために、希望を語ることには困難があります。ですから、わたしたちは希望へと向かう前に、まず嘆くことを学ばなければなりません。ほんものの希望の本質については、嘆きへの招きという視点から、すでに多くのことを述べてきました。前章では、スピード、距離を置くこと、潔白さといった事柄について、何を捨て去る《アンラーン》必要があるかということを見てきました。この章では、また、希望について何を捨て去る《アンラーン》必要があるのかということを明らかにしていこうと思います。嘆きのない和解は、希望を安っぽくしてしまいます。わたしたちは、安価な希望による慰めを拒絶しなければなりません。

聖書は、神がもたらしてくださる希望はラディカルなものであり、他とはまったく異なると指摘しています。

「見よ、新しいことをわたしは行う。今や、それは芽生えている。あなたたちはそれを悟らないのか。わたしは荒れ野に道を敷き／砂漠に大河を流れさせる」

（イザヤ書四三・一九）

「荒れ野に道を敷き／砂漠に大河を流れさせる」神の働きは、簡単に目で見たり感覚で捉えたりできるものではありません。神は、いつでも希望の種をまいておられます。いつでも何か新しく、新鮮なことを――それは、わたしたちが期待したり、捜したり、願い求めたりするようなしかたではありませんが――行っておられます。この世界が成功を求めることに必死になり、和解の旅はできるだけ短いものにしておきたいという願望を覆い隠しているとき、わたしたちは、希望や変化における神が描いておられるもっとラディカルな和解のヴィジョンを認識してそれを生きていくことができなくなってしまいます。この神のヴィジョンとは、敵対していた人たち、そして異質な者たち同士が友人になるという希望であり、すべての人が神と歩む仲間になるという希望以外の何ものでもありません。それは、目には見えないものに根ざした希望のヴィジョンです。

希望は見えないものに根ざし、見えない事実を待ち望む

キリスト者の希望を養うトレーニングは、結果から始まりません。それは、想起から始まります。神の贈りものを受けるためにパンとぶどう酒が置かれた食卓に進み出るとき、あるいは、聖書を開いてだれかといっしょに読むとき、いつでもわたしたちは、神が行われる「新しいこと」というヴィジョンのなかに引き込まれていきます。そこでは、原因と結果という規則に基づいて、希望が人質にされるようなことはないのです。

ヘブライ人への手紙一一章に記された、おびただしい証人たちのまるで異なる人生は、見えるものではなく、見えないものに根ざしたものでした。彼らには「向こう」(beyond) という具体的なヴィジョンがあったのです。「昔の人たちは、この信仰のゆえに神に認められました……信仰とは、望んでいる事柄を確信し、見えない事実を確認することです」(ヘブライ一一・一、二)。彼らは、「更にまさった故郷」というヴィジョンに捕らえられました。現在の状況はあるべき状況であるとは決して限らない、と信じていたのです。「見えない事実」に対する確信は、これらの証人たちを自己満足に導くことはありませんでした。むしろ、まさに自分たちの行動や人生を、たゆむことなく歩き続ける「地上ではよそ者 (stranger) であり、仮住まいの者 (foreigner)」(13節) として新

しくかたちづくりました。みずからの評判を損なう危険を冒して、ノアは箱舟をつくりました。命の危険を冒して、モーセはファラオの庇護を断ち切り、彼に立ち向かうために再び帰って来ました。故郷を捨てて、アブラハムは見知らぬ土地への旅に出ました。「見えない事実」についての確信は、現状に満足している人たちの心をしばしばかき乱し、新しいアイデンティティーへと向かう行動へと押し出したのです。

白人至上主義の恐怖が続くときにロベン島に収監されたネルソン・マンデラ（Nelson Mandela）［一九一八―二〇一三年。一九六四年に国家反逆罪で終身刑の判決を受け、二七年間の獄中生活を経験した。一九九四年、南アフリカで初めて全人種が参加する選挙によって大統領に就任した］の生活は、目には見えない「更にまさった故郷」というヴィジョンのなかで新しく与えられるアイデンティティーを示す印です。過去を振り返り、南アフリカでアパルトヘイトを打ち倒した人びとが歩んだ「成功へのステップ」を数え上げていくことは簡単なことであるように思えます。しかし、マンデラが、三〇年近くものあいだ、寛大な心と思いやりに満ちた行動で看守たちと接したことは、スキャンダラスなことでした。目に見える変化は何もないにもかかわらず、彼はすでに異なった事柄が訪れているかのように過ごしたのです。マンデラは、自分と自分を捕らえた白人たちが、すでに新しい南アフリカで生活しているように生きたのです。

事柄がすでに変化してしまっているかのように生きることに、いったいどのような価値があるというのでしょう？　そのことで、事柄に今変化を引き起こせるという保証はありません。不正はさらに幾年も続くでしょう。しかし、わたしたちは希望する事柄や見えない事実に魅せられ、変えられてしまった者たちです。そのことがキリスト者の希望の根拠なのです。

希望は友情という新しい場へ向かうように押し進める

神は言われます。「見よ、新しいことをわたしは行う」（イザヤ書四三・一九）。この「新しさ」を語る神のヴィジョンにおいては、希望はどのように見えるのでしょうか？

暴力のただなかにあって、敵対者との休戦を願うなら、それはほんとうに新しいことです。しかし、いったんこのような休戦が達成されると、新しさへと向かおうとする社会の思いは、そこでたいていは終わりになってしまいます。調停が行われ、あからさまな敵意が示されることはなくなり、財政的支援は中断します。けれども、敵は遠くにいるままであり、傷は隠されてきます。見知らぬ相手や敵対者との休戦を願うことと、そうした人たちとの友情を願うこととは、まったく別のことなのです。

今のアメリカ人は、人種差別撤廃後の時代を生きているかもしれませんが、実は、多文化的な消費主義へと統合されてきたに過ぎません。そこでは、すべての人に経済的な成功というアメリカン・ドリームを追い求める自由があります。しかし、破れや紛争の状況に関して聖書が描く希望のヴィジョンは、シャローム、コイノニア、そしてメタノイアという風変わりな言語や物語によって、決して消えることがないようにかたちづくられています。キリスト者の希望は、繁栄すること、共有の生活、悔い改めをともなう根底からの変革というイメージと密接につながっているのです。これらのことは、ペンテコステの物語、カイサリアでコルネリウスと出会ったペトロの物語、アンティオキアで見知らぬ者同士が友人になったという物語に見られるものですし、あるいは、ガラテヤの信徒への手紙にある「ユダヤ人もギリシア人もなく」、そしてエフェソの信徒への手紙にある「一人の新しい人」という言葉もそうです。要約すれば、キリスト者の希望とは、見知らぬ相手や敵対者と友人になることへ向かうための架け橋なのです。

前章では、社会の周縁に置かれたコミュニティーの重要性について指摘しました。そのようなコミュニティーは、嘆きの場として、社会がいかに分断されたままになっているかという真実をわたしたちが見るようにさせてくれます。しかし、もしも嘆きとは、死の道をたどることであるとするならば、それはまた、新しい何かへと起き上がらされる道でもあるのです。

希望とは、英国聖公会のローワン・ウイリアムズ（Rowan Williams）大主教が「復活のコミュニティー」と呼んだものに似ています。このようなコミュニティーは、非常に大きな社会の格差に対する意図的な応答として生まれます。またわたしたちが祈るべきこと、恋い慕うべきことを示してくれます。そして、人種化が極度に進んだこの社会において、平和とはアフリカ系アメリカ人と白人のアメリカ人とが共に集って神を賛美することに似ている、とわたしたちに教えてくれるのです。

しかも同時に、このようなコミュニティーは、いったい何が可能であるか、ということもわたしたちに示してくれます。これらのコミュニティーが重要なのは、これまでとは違う生活を指し示す「標識《サイン》」となり、疎外、不正、分離へと突き進む軌道に割り込んで行くことができるからです。より一層ラディカルなヴィジョンによって、こうしたコミュニティーは、まだ実現していない将来を指さします。そして、距離を置くことも、あるいは融合することも最善の選択ではないことを証明します。さらに、回心の学校となるような空間と場所をつくる必要を指摘してくれるのです。

わたしたちの友人であるジョナサン・ウィルソン−ハートグローヴ（Jonathan Wilson-Hartgrove）は、「生き方としてのキリスト教」について学ぶことができるようにとオルタナティブ・セミナリー［従来とは異なる教育カリキュラムによる神学校、の意］を運営しています。この学校は建物を持ちません（そのために、費用はかなり抑えられています）。フルタイムのスタッフもいません。しかしそのかわり、この「回心の学校」は、キリスト者たちが自覚的に主イエスの弟子として歩みながら「新しい修道生活」をしているコミュニティーに来て、見学するようにと、人びとにすすめるのです。(1) 学生たちは、招かれた先のコミュニティーで聖書を学びます。そこで生活している人たちといっしょに食事を用意し、いっしょに食べます。神学について話をしたり、必要な本を読んだりもします。けれどもそれ以上に、学生たちは神が可能にしてくださる生き方の実験に参加するのです。そして、主イエスの弟子として生きることは、新しい場所で生まれる友情によって変革されていくことなのだと学んでいくのです。

希望は、小さなことの大切さを受けとめる

聖書は、繰り返し繰り返し、目立たないところに隠されている希望をわたしたちに指さします。パン種とからし種、わずかな魚と五つのパン、足を洗うこと、旅人をもてなすこと。パンとぶどう酒はごくごく日常的なものです。しかしそれでも、聖餐において、神はそれらをキリストの体と血としてわたしたちに差し出してくださいます。水もまた、ごくごく日常的なものです。しかしそれでも、洗礼において、それはわたしたちを神の子どもへとつくりかえてくれます。聖書は、わたしたちが歩むスピードを遅くさせ、小さなもの、弱いもの、そして日常的なものをとおして、世界を養う神の力に気づき、祝うようにさせるのです。

わたしたちの友人、エマニュエル・ンディクマナ（Emmanuel Ndikumana）はフツ族ですが、ブルンジ共和国のツチ族の女性と結婚しました。彼は、ブジュンブラにある大学のリーダーとして、ツチ族が支配するブルンジ軍と、フツ族が大部分の反政府グループとのあいだで、いつも板挟みになっていました。しかし、彼は毎日の生活の小さなことが違いを生み出すということを知っていました。そこで、フツ族とツチ族、両方の学生によるグループをつくり、いっしょに旅をしたのです。

軍の検問所に着くと、ツチ族の学生たちが兵士たちと話をつけました。反政府グループによるバリケードに着くと、他の学生たちが会話をしている間、今度はフツ族の学生のリーダーたちが話をつけました。このようにして、彼らは軍隊と反政府グループの兵士たちの双方を困惑させることができたのです。

キリスト者の希望のヴィジョンは、わたしたちは国々と和解することができるだろうかという問いと、わたしたちは自分たちのすぐ近くにいる人びとと――わたしたちの家庭で、職場で、礼拝のなかで、そして、路上においてさえも――平和と赦しのうちに生きることができるだろうかという問いとを切り離すことは決してありません。世界規模で保健指導を行っていることでよく知られている組織の、あるリーダーがこんなことを問うていたのを思い出します。夫との不仲、そして夫の姉との不仲さえ修復できなかった自分が、どうして世界の保健問題を解決しようと主張できるのだろう、と。彼女にとって、わずか一つの人間関係が、人間の破れにある複雑さを見るための窓になったのです。しかし逆に、わずか一つの人間関係であっても、それが神の力によって変えられるなら、この世界についてもまた別の世界が可能であるとの希望をわたしたちが描く根拠となることでしょう。

ボルティモアのインナー・シティ、サンドタウンにある教会、ニュー・ソング・チャーチ・アンド・ミニストリーズ（以下、「ニュー・ソング」と略）は、二〇年以上ものあいだ、大きく変えられた数多くの人生を見てきました。そこには、生き生きとしたチャーター・スクール［地域・教員・保護者などが主体となって運営する公設民営の学校］があり、ハビタット・フォー・ヒューマニティーによって建てられたにぎやかな家々があり、女性たちの回復を助けるマーサの家［家庭内暴力や性的暴力の被害者にシェルターを提供している］があり、そしてこれらのすべての中心に人種を超えて人びとが集う教会があり、そのどの場所でも希望が目に見えるかのようです。それでも、ニュー・ソングはボルティモアのわずかな区域に関わっているだけです。しかし、この「～だけ」という点がまさに大切なことなのです。ボルティモアのインナー・シティの狭い区域に存在する痛みのただなかで、希望が求めてくる変化が起こっていることをわたしたちが知ることによって、わたしたちの歩みのスピードはゆっくりしたものとなっていきます。それは、わたしたちがそこにある困難さ、つまり、たとえどのような場所であっても希望が求めてくる日々の働きに、わたしたちが目を留めるためです。バラバラになった生活やコミュニティーが徹底的に変えられ、新しく共に生きる場所になっていくのは、ゆ、っ、く、り、としたペースでなのです。ニュー・ソングは、成功物語《サクセスストーリー》というよりも、印です。それは、わたしたちが日々の生活で回心しながら、わたしたちを励ましてくれる聖書の物語へと向かうときに、希望がどのように見えるのかという印なのです。

希望は、悔い改めと回心を必要とする

和解における希望は、新約聖書がメタノイアと呼ぶ贈りもの――向きを変えること、変革されること――を通してのみ可能です。それは回心であり、しかもただ一度限りで終わるものではありません。むしろ、それは長く続く犠牲の大きい、神と共に行く旅です。この旅を通して、わたしたちは常に新しいいのちに向かって変えられていきます。

キリスト教は、この壊れた世界における最高の善とは、見知らぬ相手や敵対する人たちが友人に変えられていくことにあると理解しています。そこで問われるのは、わたしたちを傷つけた相手と共に生きたいと願うようになるほどまでに、わたしたち自身の願望が根本的に変革されるということが、いったいどのようにしたら起こるのだろうか、という点です。これは、政治的な問いです。紛争時の交渉について、政治的な面から語るべきことはいくらでもあるでしょう。しかし、政治は主として政府の領域の事柄ではありません。政治とは、日ごとに公共の利益を識別したり、共に生きる生活を行う上で折り合いを付けていくといった、より深い問題に関することです。政治とは、わたしたちがその秩序（あるいは無秩序）の一部として属している共同体が、どのようにしてわたしたちの忠誠心の対象となり、わたしたちのアイデンティティーを規定しているのか、ということに関することなのです。

和解の旅は、悔い改めの政治（politics of repentance）へとわたしたちを導き出します。それは、混乱し、かたくなになってしまった歴史の「今」にあってユニークな旅となります。この旅では、わたしたちの無秩序な願望は、対立の境界線を超えた友情へと変革されていきます。希望は、この変革を示す小さな印を祝います。なぜならば、悔い改めの政治とは、一瞬一瞬が積み重ねられていくことであり、そのことによって「他者」へと向かう決定的な方向転換を行った人生が生まれていくからです。

わたしたちの友人、南アフリカの黒人モス・ンスラ（Moss Nthla）とアフリカーナの白人ニコ・スミス（Nico Smith）が、長くアパルトヘイトが規範とされていた国にありながら今日共に働いているのを見て、わたしたちは驚かされます。わずか一五年前まで、この二人の男性のどちらも、アパルトヘイトが終結すること、デズモンド・ツツをリーダーとする国家的な「真実和解委員会」が生まれること、あるいはネルソン・マンデラが大統領になることなど想像もできなかったでしょう。それらのことが達成された背景に、力の政治（politics of power）があったことに注目することは重要ですが、それとともに、そこに悔い改めの政治が存在していたことを知ることも等しく重要です。

南アフリカの「真実和解委員会」は、大きな注目を集め、世界各地の人びとが、この委員会をまねようとしています。しかし、真実和解委員会がもたらした独特なギフトは、ただ単に歴史的不当性をめぐる真実を明らかにすることではなく、憐れみと赦しの雰囲気のなかでそれをしたことです。それが可能であった唯一の理由は、リーダーであったツツが、赦しのない将来を思い描くことのできない人物へとすでに変えられていたからでした。別の言い方をすれば、もしも新しい南アフリカの実現がこの真実和解委員会という独特なギフトなしには可能ではなかったとするならば、その真実和解委員会はツツ――南アフリカがそれまで経験したことがなかったような人物――が語る赦しがなかったなら、可能にはならなかったということです。悔い改めを通して、こうしたツツのような人物を形成していくことこそ、希望が求めていることなのです。

悔い改めの政治が行われなければ、トップにいる人たちが変わることを強要されたとしても、ほんとうの意味で変革されていくことはないでしょう。そして、権力を奪取した被害者たちが、今度は加害者になってしまうという危険性が常にあるのでしょう。

希望は、不正のただ中において預言的な証言をする

悔い改めの旅のなかで希望を具現化していくようにとの招きは、この力の世界――混乱した世界の舵取りをしながら、権力支配者たち、経済的利益、軍事力を支配し、すべての人びとの生活と忠誠心とを強力にかたちづくっている世界観――のただなかで、誠実に信仰をもって証言するようにとの、キリスト者への招きと密接につながっています。わたしたちはみな、このような力の世界に生きています。

歴史は、キリスト教が悪や不正と共謀する形態を取ることがないように、とわたしたちに警告を発しています。一九三〇年代のドイツでは、「告白教会」以外の大部分の教会やリーダーたちは、

自分たちの社会的なあり方を、徐々にナチ党に明け渡していきました。ルワンダでも長い年月、多くの教会のリーダーたちが、自分たちとは異なるはずの強権体制にすり寄っていきました。権力の海を泳ぎ渡ろうとして採られるひどい方法といえば、このような安易な同化主義だけではなく、力に対する静寂主義もまた同じです。わたしたちは、信仰とはこうした権力の駆け引きとはまったく無縁であるかのように振る舞いたくなる誘惑にさらされています。

キリスト者が果たすべき課題とは、一方で預言者としてその場にいること、他方で預言者として距離を置くこと、その二つのあいだにふさわしい関係を結ぶことを学ぶことにあります。預言者としてその場にいるためには、いったいいつどのように大胆に話すべきかを知ることが求められています。わたし（クリス）は、二〇〇五年、南アフリカでドゥマ・クマロ（Duma Kumalo）に会いました。彼は、「シャープビルの六人」のうちの一人であり、他の五人と共にシャープビル市の副市長を殺害したと証拠もないままに申し立てられ、一九八四年に不当にも死刑判決を言い渡されました。ドゥマによれば、刑の執行が予定されていたわずか一五時間前に赦免されたのだそうです。彼は愛情を込めたまなざしでわたしを見つめ、言いました。「文字通り、わたしは生きています。それはあなたの国の人たちのおかげです。どなたかが発言し続けてくださったのです」。

他方、預言者として距離を置くことも求められます。それは、忠誠心を究極的なところで支配政党にも支配権力にも明け渡さないためです。南アフリカに滞在していたとき、わたしはある若い白人のアフリカーナに会いました。彼は、白人至上主義という神聖なるヴィジョンを吹き込まれながら育ちました。そのヴィジョンが彼のキリスト教信仰をすっかり覆い尽くしていたのです。だれでもアパルトヘイトに反対する人は共産主義者だと見なされたと彼は言いました。その彼の回心の瞬間は、一九九五年、公共テレビ放送で真実和解委員会の活動記録を見ていたときに訪れました。彼は言いました。「一九九五年まで、アパルトヘイトは偽りのものであるとは知らなかったんです」。彼が自分の国のほんとうの姿を見るためには、一歩離れた場所から見なければならなかったのです。

預言者としてその場にいることと預言者として距離を置くこと、その二つのあいだに信仰をもってふさわしい関係を結んでいこうとするとき、大きな犠牲を払わなければならなくなることがあります。現代において、多くの平和の使者たち――マハトマ・ガンディー（Mahatma Gandhi）、マーティン・ルーサー・キング・ジュニア、アンワル・サダト（Anwar Sadat）――が暗殺されたことは、理由のないことではないのです。ほんとうの平和が、みなに歓迎されるとは限りません。より深い希望のヴィジョンは、権力や自己利益という既成のパターンを転覆させるのです。

希望は境界線を超えて侵入し、敵意のただ中に憐れみを植える

これらの平和のために殉教した人たちの歩みに、わたしたちはまた同時に深い希望の印を見ます。そのとき、人びとは敵意と不正という境界線を超えて、そこに好意と慈しみと赦しの種を蒔いてい

るのです。しかも、その結果として、事柄が変わっていくという保証のないままに。

一九七九年のイランのイスラム革命後、アメリカとイランの政府間の関係は絶たれていました。アメリカ大使館人質事件の苦い記憶から、両国は三〇年ものあいだ敵対していたのです。しかし、一九九〇年にイランで起きた地震ののち、メノナイト中央委員会が援助を申し出たことがきっかけに、ひと粒の種が蒔かれました。やがてメノナイト中央委員会から送り出されたワーカーたちが、小さな行いを通してイランで静かな存在感を確かなものにしていきました。ワーカーたちはイラン人のなかに住み込み、街路で友情を築き、診療所を開設し、イラク人難民やアフガニスタン人難民を助け、カナダとイランのあいだに交換留学の機会を設けるという働きをしたのです。そして二〇〇七年二月には、予期しない実りがもたらされました。メノナイト中央委員会は、一九七九年の苦い断絶以後最初のアメリカ使節団とイラン大統領との直接会談を計画するように依頼されたのです。

希望は、新しい創造に向かっていくために、境界線を超えて侵入していきます。二〇〇六年、デューク大学のデューク・チャペルに集う会衆は、自分たちが特権と力をもつゆえに、ダーラムに存在している分裂からあまりにも遠く離れた場所にいると思うようになりました。突き動かされるような思いから、大学教会のリーダーたちはキャンパスからそう遠くない場所に、見知らぬ人びとを迎え入れているグループがあることをやがて知りました。彼らは大学近くのコミュニティーのリーダーたちで、大学教会のリーダーたちをウェストエンド地区——昔からアフリカ系アメリカ人が住み、神からの多くの贈りものにあふれ、経済的また社会的な課題も山積みで、近年はラテン系移民が増加している地域――に招待してくれました。大学教会は二人の牧師、アビー・コッハーとクレイグ・コッハー（Abby and Craig Kocher）を任命し、ウェストエンド地区に家を買い、移り住むようにさせました。アビーに求められたのは、新しいプログラムを立ちあげることではありません。ただ通りを歩き、人びとと祈り、その地域のリーダーたちと会い、どのような扉が開かれるのかを待つことでした。

毎年、デューク大学の学生たちのグループがその地域の家で暮らしています。また、他の人々も時々その家を訪ねています。この旅はまだ始まったばかりです。この旅は宣伝のため、あるいはよい評判を得るため、また壮大なヴィジョンをもって始まったわけではありません。そうではなく、デューク・チャペルがきっと変わるにちがいないという期待のもと、分裂を超えた友情を探し求めようと、境界線を超えた生活のため始まったのです。

希望は、壊れた世界がかもし出す切迫感のなかで、喜びと美しさを祝う

人間による活動に究極的な希望を置くように誘惑するこの世界において、わたしたちがすべてのことを中断して、美しさと休息と祝うことに時間をとるとき――公園を歩いたり、友人と過ごしたり、それぞれの子どもをいつくしんだり、賛美歌を歌い祈るとき――深い希望が広がっていきます。

このような行動には、充電すること以上の意味があります。美しさや休息、そして祝うことは、わたしたちを単にリフレッシュさせるだけではありません。それらは、わたしたちのゴールとヴィジョンを新しくしてくれるのです。わたしたちの心と精神をお返しし、そして、「見えない事実」を受け取るいのち、また「見えない事実」によって生かされているいのちをお返しするようなことをわたしたちがするとき、そもそもそれ自体がすばらしいことなのです。美しく、喜びにあふれた行い、賛美、神の前で静まること。このようなことの一つ一つが、和解とは神のわざであるということをわたしたちに思い起こさせ、また宣言してくれます。

ある友人が、長く積極的な働きと奉仕とで知られる歴史をもった、とても大きな信仰のコミュニティーを訪ねたときのことをわたしたちに話してくれたことがあります。聖ベネディクト修道院は、何世代にもわたって、病院を建て、教師を公立学校へ派遣してきました。アメリカの西部開拓時代の初期の頃から、疲れ果てた旅人たちの命を手厚いもてなしによって文字通りに救ってきました。わたしたちの友人はそこで暮らすシスターといっしょに美しく手入れをされたコミュニティーの墓地を歩きながら、その歳を重ねたシスターに、このコミュニティーのどんなところが特に好きですか、と尋ねたのだそうです。「わたしたちはよき死を死んでいくことができます」、シスターは答えました。「ここで行われる葬儀に来て、見てごらんなさい。それはほんとうに、神を礼拝しながら生きた人生が迎える、美しい頂点なのよ」、と。

この修道院のようなコミュニティーには、ゆっくりと時をかけながら、その奉仕や仕事をとおして、ある地域を変化させていくことができます。そのようにしながら、人生が花開いていくような空間を創出していくのです。しかし、このようなコミュニティーが維持されていくのは、よき死を死んでいくというような、小さな美しい営みをとおしてです。このような営みは、この壊れた世界がかもし出す切迫感のなかにあってたやすく見失われてしまう、より深いヴィジョンを指さしています。こうした営みそれ自体が、この壊れた世界における種であり、正義と平和のためのわたしたちの働きと同じように預言者的な行動なのです。

これらの小さな種が根を張って成長し、この世界全体が目に留めることができるような美しいものに成長していくかどうか、その保証はありません。水がなくて枯れてしまうかもしれませんし、雑草に埋もれてしまうかもしれません。わたしたちは希望のもとに種を蒔くのであり、確実性のもとで種を蒔くのではありません。けれども、わたしたちは種を蒔きます。なぜならば、それは真実なこと、正しいこと、よいことであると知っているからです。身を屈めながら、沼地に種を植え込むときであっても、わたしたちは学び続けます。希望とは、まだ目にしていない将来のために働き、それを待ち受ける忍耐である、ということを。

第7章 なぜ和解に教会が必要なのか

この本で概観を述べてきた和解のヴィジョンには、教会が必要です。教会では、現実に存在する傷つきやすい人びとによって、福音が具現化されているからです。和解とは、一つの物語――神による新しい創造という物語――に基づくものです。わたしたちはこの物語を教会から、また、教会をとおして初めて学ぶことができるのです。教会とは、神を礼拝し、聖書を読むことによって、わたしたちと共に歩んでおられる神の旅を思い起こすコミュニティーです。わたしたちが神の民として共に過ごす、というわざを行うとき、自分たちは神の新しい創造を目指して歩む旅の道連れであり、仲間であることがわかっていきます。教会は、この旅に欠かすことはできません。それは、旅を維持するためにはコミュニティーが必要であるからというだけではなく、このコミュニティーが大切にしている生活、任務《ミニストリー》、そして実践《プラクティス》・慣習は、和解の旅の行く先にある「新しい交わり」をわたしたちに垣間見させてくれるものであるからです。

キリスト者は、教会と呼ばれるコミュニティーから、また、このコミュニティーをとおして、和解の言語を学んでいきます。しかも同時に、和解の旅を歩み続けるために必要な生活パターンや習慣を身につけていくためにも、わたしたちには教会が必要なのです。教会は、キリスト者であるわたしたちに、この和解の旅とは結局わたしたちの生活そのものである、ということをいつも忘れないようにさせてくれるからです。この教会というコミュニティーについて言及しないままでいるなら、わたしたちは、ますます暴力的になっていくこの世界で、次々と消火活動をしようとする孤独な消防士という支配的なイメージに逆戻りしてしまいます。

この章では、いったい教会とは何であるのか、そして、これまで概観を述べてきた和解を実際に可能にし持続させていくためには、いったい教会はどのようにあるべきなのかということを、イメージやメタファーを用いながらお話ししていこうと思います。

印――パタヤでの洗足

二〇〇四年にタイのパタヤで開催された「世界福音宣教のためのローザンヌ・フォーラム」での出来事です。一週間にわたる集いの終わりに全体会が開かれ、それぞれの問題を話し合ってきた三〇ほどのグループに、各グループ五分間ずつ報告する機会が与えられました。キリスト教の使命の将来像を全体に向かって提案するためでした。和解をテーマとしたわたしたちの分科会の発表の順番は二二番目でした。発表前日の夜、わたしたちのグループのなかに、こんなアイデアを出してくれる人がいました。五分の報告をすることよりも、わたしたちのグループは結局何であったのかを伝えるために、みなの前で洗足をしよう、というのです。そうして、わたしたちのグループが報告する順番になったとき、会議場のフロアに、桶とタオルを持った一二人が立ちました。次に、二人のメンバーが、この一週間にいったい何が起きたかを語り始めると、この一二人は互いの足を洗い合ったのです。そこにいたのは、カトリック教会の司祭と東方正教会の司祭とプロテスタント福音派教会の牧師、イスラエル人とパレスチナ人、黒人と白人とアジア系アメリカ人、フツ族とツチ族、男性と女性でした。

発表が終わると、それまで会議場を包んでいた儀礼的な静寂が破られ、スタンディング・オベーションが巻き起こりました。けれども、それからすぐ、別のグループが五分間の報告を発表する時間になりました。全体会をともかく続けなければならなかったからです。しかしそれでも、今振り返ってみると、次から次へと続いていく各グループの報告のなかにもたらされたあの中断は、教会とはいったいどのような存在になるように招かれているのか、ということを垣間見させてくれるものであったと思います。教会とは、ひざまずき、分裂を超え、互いの足を洗い合うコミュニティーなのです。

もちろん、わたしたちが生きている実際の現実は、それとは大きく異なっていることを認めなければなりません。わたしたちは戦争、紛争、虐殺の世界に生きています。そしてそれらは、人種、民族、そして宗教に由来するアイデンティティーに端を発しています。教会そのものが自己分裂していくときにも、これらのアイデンティティーが付けた折り目に沿ったものであることが実に多いのです。同じ教派や同じ教会においてさえも、そこに存在している様ざまな区分が、争いや憎悪の念を焚きつけることがしばしばです。これが、わたしたちの知っている教会です。パタヤでわたしたちが見たような、新しい何かを垣間見ることがなければ、人種、部族、国家の分裂は不可避どころか正常なことであると、わたしたちは思い込んでしまうでしょう。

もしも教会が、異なる文化と異なる歴史を担う人びとが神から同じ賜物を受け、同じ旅への招きを受けることのできるスペースになることができないなら、教会それ自体が分裂と紛争の歴史に加担するもう一つの要因になってしまうでしょう。教会は、この世界の緊張関係や破れを癒やすのではなく、こうした分裂を拡散増大させる震源地になりうるのです。

教会は対話のために創出されたスペースであるにとどまらず、物語と旅を共有する民になるように招かれているのです。世界中の様ざまなグループを代表する人たちとパタヤで出会ったとき、はじめの二、三日は、ぎこちない時間と沈黙が流れていました。フツ族とツチ族、パレスチナ人とイスラエル人、アメリカ人とアルバニア人、福音派と東方正教会のあいだに、多くの共通点があるとは思えなかったのです。けれども、わたしたちがいっしょに祈ったり、互いのために祈り合ったり、共に歌って礼拝したり、聖書を読んで思いをめぐらし、互いの痛みと希望の物語に耳を傾けたりするうちに、交わり――旅を歩む仲間――の感覚が現れはじめました。セルビアから来た若手リーダーのステファン・スタンコヴィッチ（Stefan Stankovic）は言いました。「東方正教会の司祭とずっと同じ部屋にいたり、福音派教会の人たちがしていることをだれかがほめたたえているのを聞くのは、初めてのことです！」

実演農場

パタヤでの集いで和解が「達成」されたと考えるなら、それは間違っているでしょう。洗足は、いったいどのようにしてキリスト教諸教派の違いや異なる地域性を超えた和解をもたらすのかということを、参考例としてわたしたちが示したものではありません。わたしたちは、グループのメンバーの多様性が示しているような多くの分裂、多くの紛争を解決するために会ったのではありません。また、互いの足を洗ってみせることで、自分たちのグループは和解に成功したとの印象を与えようとしたわけでもありません。わたしたちは、和解の任務《ミニストリー》に携わる神学者、またはキリスト者のリーダーによるグループとして集まったのであり、それは自分たちの働きを省みるためでした。足を洗うという行為を通して、わたしたちの心を突くようにして明らかになり、確認させられたことは、教会の本質と使命《ミニストリー》は和解にある、ということでした。

分裂した教会がひざまずいて互いの足を洗いあう場面は、人種、部族、国家、教派を超えた交わりを指し示したのです。教会の和解の務めにおいて最初に来るものは、仲裁ではなく、紛争を超えたものを指さすことです。新しい創造は、深刻な分裂を超え、共に生きるというもう一つの選択肢へとわたしたちを導いてくれるものなのです。

このことこそ、まさに教会の本質であり、特質です。教会は、みずからを超えた現実を指し示す印として存在しています。教会そのものが新しい現実であるわけではありません。教会の使命は、わたしたちを超えたこの現実を、身振り手振りで示していくことにあります。この新しい生《ライフ》への約束が、教会に独自性を、そして課題をも与えます。それは、教会とは、不完全でありながら、それでも人の心に訴えかけていく「実演農場」であるということであり、わたしたちはそこで、わたしたちが告げ知らせている新しい創造の印を見ることができるようにするのです。

中断をもたらす教会

教会の新鮮さは、いつでも「中断」というかたちをとおして、そこに立ち現れてきます。パタヤでの洗足があれほど強烈な印となったのは、それが順序通りスムースに、いつもの通りよく準備された大会のプログラムに中断をもたらしたからです。洗足は、各グループからの五分間の報告としては、実は場違いなものでした。流れを中断させてしまったからです。しかしその結果、そこにいた人たちは新鮮な聖霊の風を感じたのです。

このような叙述について、次のように思われる方がいるかもしれません。それはたしかに美しいことであるかもしれないが、コミュニティーとしての教会を考えるとき、実におかしな考え方ではないか、教会の物語を語る証人になることで満足し、舞台に立った他の人たちと会話を交わすことはしないのか、と。しかし、そのようなことをわたしたちは提唱しているのではありません。中断をもたらす教会は、様ざまな他の声に囲まれながら、常に危機にさらされ、自分たちの存在の意味や自分たちが発するメッセージを常に模索する共同体以外のものではありません。わたしたちは常に、他の人たちとの会話のなかに置かれざるをえません。たとえアメリカにいても、あるいはルワンダや南アフリカにいても、わたしたちの目の前に広がる風景は、すでにわたしたちの声よりもずっと強力であるように聞こえる声に支配されているのです。しかしそれでも、わたしたちの使命は、どこか別の場所からやって来る新鮮さを、告知し、指し示し、発信することにあるのです。

　わたしたちは、まだ目にすることのない将来を告げ知らせます。それゆえ、わたしたちが語る中断は、紛争時に限らず、平和だと言われるときにも必要とされるものです。教会が中断をもたらすことができるためには、わたしたちは、常に見知らぬ相手によって中断され続けることを進んで受け入れるコミュニティーとして存在していなければなりません。教会とは、中断をもたらすコミュニティーであるだけでなく、いつでも中断させられるコミュニティーなのです。

　一九九八年、わたし（エマニュエル）は、叙階を受けたばかりの司祭でした。熱意と自信に満ちあふれ、この世界を救おうとされる神のご計画について、そして、その神のご計画にはわたしが聖職者であることも含まれているということについて、揺るぎない思いをもちながら、カンパラ［ウガンダの首都］中心部の多忙な教区で助任司祭を務めました。わたしが午後のミサのために説教を仕上げていたときのこと、ドアをノックする音が聞こえました。

わたしが返事をするよりも先に、二〇代後半くらいの男性がドアを開け、崩れるようにして身を椅子に沈めました。汗でびっしょり、目は真っ赤でした。わたしに何かできることはありますか、とわたしは尋ねました。彼からの答えはなく、わたしをじっと見つめるばかりでした。気まずい沈黙ののち、彼は口を開きました。「司祭さま、検査を受けに病院へ行ってきました。HIV陽性です。怖いんです。このことをどうやって妻と二人の子どもたちに打ち明けたらいいんでしょう」。

そして、彼は泣き崩れました。わたしは何を言えばよいのかわからないまま、彼の傍らに座りました。ミサに行く時間となり、彼を自分のオフィスに残していきました。けれども、その日のために念入りに準備した説教を読みはじめると、それが味気ないものであると気づいたのです。わたしの説教は、何の意味もなさなかったのです。わたしに考えることができたのは、ただあの男性のこと――彼の顔、彼の恐れ、彼の話――。説教の中ほどで、もうこれ以上説教を続けることができないことがわかりました。わたしは説教をやめ、会衆に向かって、オフィスに残してきた男性のために祈ってほしいと頼みました。いったい何を祈ってほしいのかもわからないままに。

あの日以来、アフリカにおけるエイズの問題について考えるときにはいつでも、わたしはマイケルのことを思い出します。マイケルの登場は、わたしの説教準備の時間だけではなく、一九九八年のあの日のいつものミサにも中断をもたらしました。しかしそれにとどまらず、あの出来事は、いつもわたしに思い起こさせてくれるのです。わたしたちの使命とは、現状に中断をもたらすことであり、しかも、教会の生《ライフ》が、とにもかくにもマイケルのような人びとにとって必ずよい知らせとなるようにすることにある、ということを。いったい何をしたらよいのかわからないときでさえも、わたしたちはいつものように事を進めていくわけにはいかなくなるのです。

中断がもたらされる教会

四人の福音書記者すべてによって語られている物語があります（その細かい点は多様ですが）。その全容を捉えるために、わたしたちはこの物語をたどり直してみることが必要です。

「さて、あるファリサイ派の人が、一緒に食事をしてほしいと願ったので、イエスはその家に入って食事の席に着かれた。この町に一人の罪深い女がいた。イエスがファリサイ派の人の家に入って食事の席に着いておられるのを知り、香油の入った石膏の壺を持って来て、後ろからイエスの足もとに近寄り、泣きながらその足を涙でぬらし始め、自分の髪の毛でぬぐい、イエスの足に接吻して香油を塗った。イエスを招待したファリサイ派の人はこれを見て、『この人がもし預言者なら、自分に触れている女がだれで、どんな人か分かるはずだ。罪深い女なのに』と思った」　（ルカ七・三六―三九）

この物語は、まさに教会の本質と使命に言及しています。また、教会とは「愛の共同体」（beloved community）であり、中断がもたらされる集いであるということを裏付けてくれます。この夕食会は、見知らぬ相手であり招かれざる客であった人物の登場によって中断がもたらされます。実際、愛の共同体はこのように中断されることをとおして、自分たちは独特なライフスタイルによって隔絶された場所で生きる特殊集団ではない、ということをもっとはっきり知るようにされていくのです。主イエスのコミュニティーとは、門と柵で囲いこんだ霊的な共同体でもなければ、道徳的正しさの壁がそびえ立つ隔離地区でもありません。そうではなく、いつでも見知らぬ人たちがわたしたちの生活を中断しにやって来るところなのです。見知らぬ人をもてなし、見知らぬ人に開かれ、しかも見知らぬ人と継続的に関わっていくことが、共に生きるわたしたちの生活の際立った特徴です。

このように中断がもたらされることをとおして、わたしたちのコミュニティーは、無駄遣いとも思われるほどの愛と奉仕にもう一度立ち戻っていくことができるのであり、そのことにこそわたしたちの存在理由があるのです。そしてまた、このように中断がもたらされることで、共に生きる生活とは、いつも実に具体的なことであり、ありふれた日常の中での奉仕という現実的なこと――中断をもたらしたこの女性の預言者的な証言に見られるように、涙、器、壺、香油、髪の毛、足というきわめて具体的なこと――であることを忘れないようにさせてくれます。わたしたちは自分たちの町にいる家のない人たちの問題を解決しようとして、委員たちの会合やプログラムに熱中することもあるでしょう。けれども、家がない《ホームレスネス》ということに代わるもう一つの選択肢として具体化するようにとわたしたちが招かれていることは、家事《ホームメイキング》にまつわる日常の働きです。愛をもって夕食をつくり、ベッドを整え、男も女も同じように、この女性が行いをもって宣《の》べ伝えている福音を生きていくことです。

さらにわたしたちはこの物語から、わたしたちがあまりにも忘れがちなこと、しかし教会の働き《ミニストリー》として実に急務となる課題があることを学びます。わたしたちには「見知らぬ人《ストレンジャー》」という教会への贈りものが必要であり、その人によって中断をもたらしてもらうことが必要なのです。ルカによる福音書に描かれているこの物語は、この出来事がいつ起こったかを特定していません。しかし、他の福音書記者たちはみな、それが過越祭の直前であったと丁寧に記しています。その視点に立つと、シモンの家においてこの女性が取った行動は、受難というさらに大きな物語を予期させるものであることがわかります。この女性がもたらした中断は、主イエスの体を打ち壊す暴力の物語のただなかで起こっているのです。

教会の歴史において、聖フランチェスコは、自分が生きている時代の印を読むことができた人でした。彼は、さらに大きな物語の枠組みに関心を払うことによってわたしたちも時の権力に中断をもたらすことができる、ということを示してくれる際立った例です。歴史を振り返ると、貧しい人びとになり代わって施しを乞うフランチェスコによる托鉢修道士の運動は、ヨーロッパで貨幣経済が進展し新しく商人階級が台頭しはじめた時期と一致していることがわかります。そのような時代に、フランチェスコは、神の導きに頼ることを想起させ、この新しい経済体制に中断をもたらしたのです。しかし、そのようなことができたのは、フランチェスコが織物商人の息子として、いったいどうしたら福音に忠実に従う生活をすることができるか、と誠実に問いながら苦しんだからにほかなりません。自分が置かれている状況という具体的な現実において、いったいどうしたら主イエスの弟子として生きることができるのかという問いに心を向けながら、フランチェスコはキリスト教世界を変革させることになる運動を開始したのでした。

ベタニアでの香油注ぎの物語は、愛の共同体が、さらに大きな物語の枠組みのなかに存在していることを思い起こさせてくれます。そしてわたしたちは、いつでもその場所に、自分たちを見出すのです。受難物語との関連のなかで、ベタニアでの香油注ぎの物語は、赦し、もてなし、奉仕、浪費と思われるほどの心遣いという賜物の存在をわたしたちに指し示してくれます。もたらされる中断を受け入れることのできるコミュニティーであることによってはじめて、教会はこれら神からの賜物を身につけていくことができます。そのようにして教会は、「向こう」(beyond) から訪れる物語とヴィジョンに立ちながら、単なるスキルやテクニックを超えて、人生のあらゆる面に関わっていく新鮮さを差し出していくことができるのです。

足、髪、壺、涙——和解にとっての肉体

大切なことは、ベタニアで（またパタヤで）、いったいこの中断がどのように起きたか、という点に注目することです。教会が指し示す、「向こう」(beyond) がもつ新鮮さは、抽象的なものでも深遠なものでもありません。むしろ、それはとても具体的で平凡で日常的なこと、足を洗ったり、キャベツを植えたり、おむつを替えたり、病人の世話をするのと同じようなことです。ですからわたしたちには、和解とは教会が担うべき特殊な任務である、というようには思えないのです。教会は、まるでそれがプロジェクトであるかのように、和解を追求するのではありません。和解とは、教会が最も日常的で素朴で平凡なつとめを果たしながら、信仰をもって忠実に忍耐強く「向こう」(beyond) から与えられるヴィジョンを生きていくときに、教会のなかに立ち現れてくるものなのです。

アンドレ・シボマナ（Andre Sibomana）司祭は、著書『ルワンダへの希望』(*Hope for Rwanda*) において、虐殺の影響が残るなかで、ルワンダの歴史について話すために、まして合意するために、ツチ族とフツ族の人たちがいっしょに話し合うことがどれほど難しいかを記しています。しかしその

一方、復興のための共同作業をしようとして、彼の教区の人たちを動員したときに起こった出来事についても語ります。そこで司祭は、ゼロからすべて――耕作地や家屋やトイレなど――を造っていかなければならなかったことを記しています。その作業の休憩時間のこと、シボマナを驚かせることが起こりました。フツ族とツチ族の労働者が、同じカップからバナナビールを飲んでいるのを見たのです。

シボマナの体験は、わたしたちに思い出させてくれます。神の新しい創造によって中断がもたらされた教会は、自分たちだけは別世界を生きているような態度を装うことはしません。むしろ教会は、毎日の平凡な現実に深く関わっていくのです。わたしたちには、教会の雑多で物質的な側面を抜きにして、和解を精神的な出来事にしたり、ハグをして握手を交わすだけの薄っぺらで感情的なことにしてしまう傾向があります。しかし、わたしたちが地に足を着けて目にするのは、それとはまったく異なる現実です。和解とは、殺人者と被害者家族が共同作業の休憩時間に同じカップからバナナビールを飲むようなことなのです。

わたしたちの日々の生活に聖書の和解の物語が回復されていくなら、和解には教会による説明が必要であることがすぐにわかるでしょう。この聖書の物語のなかで自分たちを捉え直し、過去の痛みを癒やし、紛争を仲裁し、不正に抵抗して圧制と戦う力としてわたしたちが用いられていくためには、特定のスキルを身につけていくことが非常に重要、かつ緊急の課題となります。

しかしそのことは他から分離した働きではありません。すべてのことが、「キリストの使者《アンバサダー》」になるようにとの招きと繋がっています。「神がわたしたちを通して勧めておられるので、わたしたちはキリストの使者の務めを果たしています」（Ⅱコリント五・二〇、傍点は著者による強調）。ふつう、使者《アンバサダー》の務めを果たすためには、ある国に住み続けなければなりません。そして、自国の利益を代表しながらも、遣わされたその場所でその国の政治に携わります。もしもわたしたちが、新しい創造とはキリスト者によって示される政治のことであると考えるならば、使者《アンバサダー》になるようにとの招きは、どこであれ自分の置かれている場所に住むことであり、神の新しい創造という視点からその土地の政治に関わっていくことであり、多様な方策をとおしてその土地の政治が次第に新しい創造に似たものとなっていくような影響を与えようと試みることです。そのためには、居住している土地の歴史をていねいに読み取るだけではなく、新しい創造の政治を押し進めていくのに必要なあらゆる方策と賜物と資源を用いることがわたしたちに求められます。

ここにまさに受肉（incarnation）の意味があります。というのは、パウロが思い起こさせてくれるように、わたしたちは「キリスト・イエスにもみられる」のと同じ姿勢でなければならないのです。

「キリストは、神の身分でありながら、神と等しい者であることに固執しようとは思わず、かえって自分を無にして、僕の身分になり、人間と同じ者になられました。人間の姿で現れ、へ

りくだって、死に至るまで、それも十字架の死に至るまで従順でした」（フィリピ二・六―八）
和解との関連において捉えるなら、受肉とは、壊れている場所に留まることを学び、必要とされていることを見究めることができるまでそこに留まる忍耐力と克己心を養うことです。受肉について考えるとき、わたしたちがいつもドロシー・デイ（Dorothy Day）［一八九七―一九八〇年。ニューヨークを基盤として活動した労働運動指導者。非暴力主義、絶対平和主義を貫いて行動した］や彼女が創設した「カトリック労働者運動」を思うのはこのためです。いったいどのようにしてすべてが始まったのかを語る彼女の証しにはとても説得力があります。

わたしたちは、ただそこに座って話しただけです。人の列ができはじめ、彼らが「パンがほしい」と言ったとき、わたしたちは彼らに向かって「行け、汝ら満たされんことを」とは言えませんでした。もしも、六つのパンとわずかな魚があるならば、それを分け与えなければなりません。パンはいつでもありました。
わたしたちは、ただそこに座って話しただけです。すると、わたしたちのほうへ人びとが近づいてきました。「ほしい方はどうぞ、どうぞお取りください」。パンを取って帰る人たち。すると、次の人の来る場所が空きます。やがて、壁は少しずつ遠のいていきました。

わたしたちは、ただそこに座って話しただけです。すると、だれかが言いました。「みんなで農園に行って、そこに住もう」。こんなにもふつうのことだったのか、とわたしはいつも思います。何となく、自然な流れで事が始まりました(1)。

デイの物語は、そこにいることの大切さを確認させてくれます。わたしたちが「ただそこに座って」いるときにのみ、必要とされているものを感じて知ることができるのです。わたしたちが世界の破れの場に立ち会うからこそ、必要に応えるためにはいったい何が求められているのかを問うことができます。受肉をとおして、和解とは華々しい劇的なことではなくなり、わたしたちの日常生活の目的となるのです。

これが、ジョン・パーキンズの主張の背景にある確信です。彼は居、場、所、を、変、え、る、こ、と、を、キリスト者のコミュニティーが成長していくための「三つのR」――居場所を変えること(relocation)、和解(reconciliation)、再分配(redistribution)――というヴィジョンにおける大切な構成要素の一つとしています。居場所を変えることとは、場所の重要性に関わる事柄です。壊れている近隣地域に教会が「ある」ことで、貧しい人たちは統計上の数字から友人へと変わり、わたしたちのこの世界の見方も新しくされていきます。パーキンズにとって、その場所に受肉した存在としてあること(居場所を変えること)が、壊れた関係をつくり直すことを可能にし(和解)、飽くことなく正義を追い求める原動力（再分配）となるのです。

このような「受肉の働き《ミニストリー》」という視座からすれば、和解のわざとは、紛争時の介入に限られたものではなく、毎日の生活パターンのことでもあるのです。和解は、日々の生活の営みに繁栄を求めます。しかもその繁栄とは、キリストにおいてすべてのものを和解させようとしておられる神のご計画を、さらに近くで映し出すことによってもたらされます。もちろん、人間が繁栄を求めて必死に努力していくときの個々の姿は、その地の歴史やニーズによって多様なかたちをとることでしょう。そのことをよく知るためにも、わたしたちがその場所にいることが必要なのです。

わたしたちがほんとうに申し上げたいことは、わたしたちが歴史や地理、そして場所のニーズを読み取ることを学んでいくうえで、この受肉という考え方が和解の任務《ミニストリー》の基盤となるという点です。そのことを神の物語を心に置きながら行うことによってわたしたちの想像力が形成されていき、自分たちが住む地域において神の約束が具体化されるときいったいそれはどのような姿をしているのかを理解することができるようになるのです。キリスト者の生活のモデルであり、生活パターンでもあるこの「受肉」を指し示す神の物語がなければ、長い期間にわたるキリスト者の和解の旅に必要な忍耐やスキルを育んでいくことは決してできないでしょう。

わたしたちは、「受肉」という存在のしかたを美化しようというのではありません。また、教会がそこに存在することが、世界の破れへの万能薬になる、と提言しようというのでもありません。

確かに言えることは、多くの地域で、また歴史の様ざまな時代に、教会は、神からの贈りものであるというよりも、疑問を投げかけられる存在であったことです。壊れた風景のなかで、教会は中断をもたらし、平和を可能とする存在となるよりも、むしろその土地と同じパターンを繰り返し、その土地の特徴をそのまま身に帯びてしまうことがずっと多く、ときには、事態を悪化させることさえありました。

これは、深刻な問いであり、簡単な答えはありません。これまでの議論の観点からすれば、ある地域においては、新しい創造がもたらす影響力や政治力を表したり追求したりしながらも、信仰をもって忠実に生きることができなかった教会の失敗が映し出されているのです。時間が経つと、すぐにわたしたちの「まことの故郷」の物語や政治を忘れ、すぐに遣わされた土地を「故郷」にしようとするからです。いったいどうしたら、教会にこうしたことが起きるのを防ぐことができるのでしょうか？　いったいどのようにしたら、わたしたちは、その土地に溶け込みながらも仮住まいの者であり、受肉した存在でありながらも中断をもたらす存在であり、日常的でありながらもいつも新鮮であることができるのでしょうか？　わたしたちは、一見したところ日常的な生活を送り、しかもこの世界の壊れた場所とまことの故郷のはざまを生きながら、これらの問いかけのなかを生きていくようにと招かれているのです。

1　Dorothy Day, *The Long Loneliness* (New York: Harper & Row, 1952), p.285.

第8章　リーダーシップ――心、精神《スピリット》、人生

わたしたちは本書において、わたしたちの足場となる物語について、神が与えてくださる贈りものについて、信仰をもって誠実に取り組んでいく実践《プラクティス》・慣習について、その概観を述べてきましたが、それらは和解のためのハウツーガイドとなるものではありません。それでもわたしたちの願いは、こうした事柄が、飽くことなく働きかけたいと思っている方々、つまり、わたしたちと同じようにこの世界の破れを知り、それらが癒やされていくことを待ち望んでいる方々の心にある「～したい」という願いをかき立てることにあります。それは、和解を願い求めるその思いこそ、とても大切なことであるからです

しかしそれにもかかわらず、願い求めるだけでは不十分です。もしも教会が、これまで述べてきた和解のヴィジョンに足を踏み入れていこうとするなら、様ざまな賜物のなかでも特に必要なのは、独特なかたちのリーダーシップです。紛争の問題解決という分野には、専門家ならたくさんいます。しかし、リーダーの数は多くはありません。専門家は距離を置いたところから指示を出します。焦点はスキルやハウツーに絞られます。専門家の目標は紛争を解決することや停戦をもたらすことに

設定されます。テクニックやスキルを提供し、そのプロセスに自分たちがどの時点で関わり、どの時点で引き上げるかを明確に設定します。そこにある葛藤が自分たちの葛藤になることはありません。また、ひとたび物事がうまく滑り出すと――あるいは、あまりにもひどい状態になると――専門家は撤退していきます。

キリスト者によるリーダーシップがよく行われるとき、壊れたこの世界でまったく異なる存在感を放ちます。このようなリーダーシップは、他とは異なる物語や政治――すべてのものを支配しておられるキリストへの忠誠が、わたしたちの全生活をかたちづくるべきこと――を、教会に思い出させます。キリストへの忠誠という考えに対して常に異議を唱えてくるこの世界においては、和解の任務《ミニストリー》は、日常の生活に根ざした特定のタイプのリーダー（everyday leader）を必要とします。それは、深いヴィジョンを、具体的なスキルや日々の生活で大切にされるべき美徳と結びつけ、さらに、しばしば心細くなることもある長期にわたる和解の旅を支えてくれる習慣とも結びつけることのできるようなリーダーです。壊れた世界の中で希望を見出せる場所であればそれがどこであっても、このような日常の生活に根ざしたリーダーが存在しており、わたしたちはその大切さを思わずにはいられません。

キリスト者のリーダーが専門家と異なっているのは、彼らが、神からもたらされる将来へのヴィジョンに動機づけられているのと同時に、「今」ある手強い現実に自分の身を置く点にあります。

リーダーは、目の前に起こっている紛争について、自分自身のたたかいとして取り組みます。彼らは、目的地を心に描きながら旅を歩みますが、しかしそれでも、それが実現するのは自分たちが歩みうる旅のはるか向こう側のことであることを知っています。彼らは、この旅が犠牲の大きなものとなること、しかしそれでも、勝利は神の手にあることを知っています。

わたしたちは事の手順や青写真や詳細な計画を手にしたくなります。しかし、和解の旅にはリーダーが手にできるロードマップはありません。彼らは、特定の地理、特定の歴史、特定の背景をもつ地域を旅します。新しい創造、そしていまだに実現していない将来へと向かう旅の舵を取りながら。そのような旅には、前もって予想も準備もできない、多くの出来事が待ち構えているでしょう。そこで課題となるのは、いつでも旅が新鮮なものであり、旅をしながら成長し続けることができるようにしていくことです。

しかしそれでも、リーダーは孤独な旅をするのではありません。「おびただしい証人の群れ」がわたしたちと共に行き、わたしたちよりも先に歩んだ人びとの生涯や旅から多くのことを学ぶのです。本書の中で論じてきたような「聖人」との交わりを、わたしたちの手が届かないところ、あるいはわたしたちの世界の外へと追いやっては決してなりません。実際にはこれらの「聖人」たちのようにはなれないとしても、聖人たちは聖霊がこの世界に今も生きて働いていることを示す印であり、彼らの生涯はわたしたちの人生に正しい方向を指し示してくれるのです。

わたしたちが聖人たちの生涯から知ることとは、和解の任務《ミニストリー》におけるリーダーシップとは、戦略を立てるのに長けるということであるよりも、心と魂に関わる事柄――この困難な任務を動機づけ、持続させていく心と精神と人生に関わるユニークな事柄――である、ということです。それでは、和解の旅において、日常の生活に根差したリーダーが備える、独特な心と精神と人生とは、いったいどのようなものなのでしょう。

裂け目に応答する

ジャン・バニエは、ラルシュ共同体をリードしてきた長い年月を振り返り、そこにあった課題を思いめぐらしながら、日常性ということを指摘しています。それは、神から与えられる任務《ミニストリー》がいったいどのように始まったのか、という物語を語り続けるなかで生まれてくるものだとしています。バニエは次のように記しています。

すべてに答えが与えられるわけではありません。しかしそこで決定的に重要なことは、すべてはいったいどのようにして始まったのかということをめぐる物語を思い起こし、語ることです。そしてその物語は、不公正で、しかも痛みをともなう大きな裂け目から始まっています。この裂け目は、いわゆる「ふつう」の世界と、脇に追いやられ、施設に押し込められ、わたしたちの社会から排除された人たちとのあいだに横たわっています。この裂け目こそ招きの場であり、わたしたちはまさにその場に立ちながら、どうか応答してほしいと呼びかけているのです[1]。

和解の任務の物語はいつでも、日常生活を謙虚に生きることから、しかもこの「裂け目」に応答する人たちとともに始まります。そしてその場所はまた、リーダーシップが始まる場所でもあるのです。

事柄がどれほど大きなものであっても、あるいは小さなものであっても、裂け目に対して応答する、ということはあまり大切なこととはされません。裂け目は、応答してほしいと人びとに向かって叫んでいるのです。しかし、その叫びを聞く耳があり、見る目がある人はほとんどいません。成功して先頭に立てとしつこく誘う声や、現状こそふつうなことだとする見せかけの正常性に取り囲まれ、麻痺させられ、誘惑されているために、この裂け目の存在に目を留める人はほとんどいないのです。そこで悩み苦しむ人は、さらに少数です。しかしそれでも、その中のさらに少数の人たちが応答します。リーダーとは、この裂け目に応答しようとして、そこに目を留め、困惑させられ、力を注ぎ始める人たちのことです。そうすることにより、彼らは直ちに前線に立つことになるのです。

それでも、前線に立つことは人の目を惹きつけるようなことではありません。裂け目に応答するとは、ふだん通りで、ささやかで、人に気づかれもしないことです。リーダーとなる人は、「自分がリードしている」と口に出すことも考えることもないかもしれません。その人は、ただ単にそれまでの歩みを中断させられ、あるいは、困惑させられた――そして、応答した――のです。

だからこそ、物語を幾度も繰り返して話すという学びがとても大切なこととなるのです。クリス・ヒュアーツ（Chris Heuertz）は大学時代に、コルカタのマザーテレサ（Mother Teresa）のもとに行き、二か月のあいだボランテイアをしました。彼には、それ以上何かをするといった計画はありませんでした。マザーテレサのことは聞いたことがあり、彼女の働《ミニストリー》きがいったいどのようであるかを見たかったのでした。しかしクリスは、自分がコルカタの路上で見た、死んでいく男性や女性たちを忘れられなくなりました。彼は、「裂け目」に捕らえられたのです。それは、マザーテレサが最初に応答せざるを得なかったのと同じ裂け目でした。クリスはさらに数年にわたってコルカタを訪ね、マザーテレサに会い、そのことによって、この世界の貧困のなかでも最も傷つきやすい人びとのただなかで主イエスに仕える、「受肉」による宣教を行うコミュニティー、「ワード・メイド・フレッシュ」（Word Made Flesh）［「言《ことば》は肉となった」の意］を創設することとなりました。

ヒュアーツのようなリーダーの周囲にはすべて、この裂け目に応答しようとして時間を用いながら、日常の生活をさらに淡々と生きている数多くの人たちがいます。一九七〇年代の初め、わたし

（クリス）の両親は宣教師として韓国にいました。彼らの日々の仕事は、学生伝道と英語を教えることでした。しかし、ソウルで行われた学生デモで、「アメリカ製」と刻印された催涙ガス弾をふと見かけたことをきっかけに二人の目は開かれ、韓国の独裁政権を支えているアメリカの不正義を知ったのです。

毎週月曜日の夜、日々の仕事を終えたのち、わたしの両親は他のアメリカ人やカナダ人の宣教師たちと小さな集いを始めました。彼らは、独裁政権に反対する韓国人への迫害や工場労働者の劣悪な労働環境、また韓国独裁政権を支えているアメリカ政府の姿勢に困惑させられていたのです。彼らはそれぞれの家に順番に集まり、それぞれが負う重荷、知り得た知識、手に入れることのできた資料を共有しながら、ささやかではあっても抵抗する道を捜し求めなければならなくなりました。そして、韓国の友人たちを牢獄に訪ね、彼らの伴侶をサポートし、情報を秘かに外国のジャーナリストに流し、自国の政府に訴えかけ、さらには、公の場でデモの組織もしました。一〇年にわたって、この「月曜日の夜の集会」に集っていたどこにでもいるような人たちは、自分たちの力を注ぎ込み、犠牲を払いながら不正と戦い続ける韓国の友人たちを静かに支え続けていました。

裂け目への応答はどこからでも始まるものではなく、ある場所で始まります。わたしたちがいるところであればどこでも、そこに裂け目があります。この裂け目は、わたしたちの家族、町、あるいは教会の人びととのあいだのように、ささやかですぐ近くにある場合もあります。わたしたち一人一人にとっての課題は、わたしたちの前に神が置かれた裂け目を信仰をもって誠実に識別し、応答していくことにあります。

リーダーは裂け目に目を向けます。心をかき乱されます。その裂け目に応答しようと力を注ぎ込みます。これが和解のリーダーシップの始まりなのです。

知っていること、そして、知らないでいること

リーダーは、自分にその資格があると感じて和解の旅に関わったり専念したりするわけではありません。そうではなく、彼らがそうするのは、裂け目と応答という重荷を担わされているからです。彼らは自分たちがいったい何に足を踏み入れようとしているのか、あるいは、どこへ向かおうとしているのかも知らないのです。

やがてリーダーは、自分たちがどういうわけか魅力を感じて引きずり込まれ、先に進む選択肢しかないことを知るのです。なぜならそれが、彼らに与えられた務めであるからです。彼らは、前進し続けることを厭わず、グランドデザインを描くこともないまま先へ行く道を見つけます。このように、和解の任務におけるリーダーシップとは、効率性や管理能力の問題ではありません。リーダーは、汚れた唇の男であり女であってまるでふさわしいものではなく［イザヤ書六・五］、自分の身には余ることに手をつけてしまったのです。しかしそれでもなお、彼らは預言者イザヤとともも

に、旅のあいだ幾度も繰り返して言うのです。「わたしがここにおります。わたしを遣わしてください」（イザヤ書六・八）。

マーシャ・オーエンが、ダーラムの「フード」〔低所得者が住む地域〕に足を踏み入れたのは、殺害された若い男性の家族を見つけるためでした。当時マーシャは、郊外で裕福に暮らす「サッカー・ママ」〔豊かな白人既婚女性を指す言葉〕でした。彼女は自分が何に足を踏み入れようとしているかはわかっていませんでした。「社会事業《ミニストリー》を始めよう」などと計画したわけではないのです〔彼女は殺人犠牲者の家族のために「非暴力都市ダーラムのための宗教連合」を組織した。第五章一二九頁を参照のこと〕。リーダーは、どこから来たのかを知っていますが、どこへ向かって行くのかということを必ずしも知っているわけではありません。彼らは、次に何をしたらいいのか、ということさえ確実にはわかっていないのです。

しかしそれにもかかわらず、そこで深く知っていることもあります。それは深い知恵であり、この旅の舵取りをしていくたびに得られていくものです。たとえ「何を」なすべきかを知らないでいるときにも、いったい「いつ」、いったい「どのように」して、事柄に専念したらよいかを知っている、ということは、とても大切なことなのです。キリストにおける新しい創造へと向かうためのロードマップはありません。ただ神だけが、新しい創造とはどのようなものであるかをご存知でおられるからです。知っているということ、そして、知らないでいるということ、その両方の知恵が、これまで見たことも体験したこともない将来への旅へと、わたしたちを押し出してくれます。「知っている」ことによって、リーダーは、自分の能力を完全に超えていると感じる困難な場所にあってもそれを引き受けていくことができるようになります。また、「知らないでいる」ことにも深い知恵があります。知らないでいることの知恵とは、聖霊と共に歩み、あるいは、聖霊によって歩みを中断されながら、新しい創造へと向かっていく旅に全神経を研ぎ澄ませ、いったいどのような意味があるかを学んでいく知恵です。

裂け目に心を向ける旅にリーダーが踏み入れば踏み入るほどに、予想もしなかった贈りものがますます「降って湧いて」きて、そのおかげで旅を続けることができるようになる、という経験をするようになっていきます。リーダーは答えをすべて知っているわけではありません。しかし、物語を知っています。その物語の中から、知恵と信仰、強いられた召命と使命という意識、そして、即興演奏《インプロヴィゼイション》のスキルをすでに学んできたのです。旅そのものをとおして、リーダーは「信頼する」という知恵を得ていきます。それは、神が次の一歩のために必要なものを必ず与えてくださる、という信頼です。

リードするとは、自分がどこへ行こうとしているのかを知っている、ということではありません。それは、ある場所から出発しながら、一歩、また一歩と信仰をもって誠実に歩みを進めていくことなのです。ですから、この旅でリーダーが学ばなければならない最も重要なスキルは、即興演奏《インプロヴィゼイション》の技術《アート》——非常に具体的な状況において、知っていることと知らないことを判断基準としてふさわしく用いながら舵を取っていく技術——です。

裂け目の中を生きる

たとえ道を知らなくても、裂け目に応答していくにしたがって、日常の生活に根ざしたリーダーは、ある時点において、その裂け目の中を生きるようになっていきます。「裂け目の中を生きる」とは、その場所で福音を宣《の》べ伝えることにはいったいどのような意味があるのかということを十分に学ぶことができるようになるまで、そこにとどまることを意味します。

「主の霊がわたしの上におられる。貧しい人に福音を告げ知らせるために、主がわたしに油を注がれたからである。主がわたしを遣わされたのは、捕らわれている人に解放を、目の見えない人に視力の回復を告げ、圧迫されている人を自由にし、主の恵みの年を告げるためである」

（ルカ四・一八―一九）

「貧しい人に福音を」公に告げ知らせるようになる前に、主イエスは三〇年ものあいだ、人びとに耳を傾けながら地上の生活をなさいました。リーダーにとっても、ある特定の裂け目において、

「福音」とはどのような響きを立てるものであるのかを知るためには時間がかかるのです。「今」という手強い現実に深く心をかき乱されるようになるまで、リーダーは裂け目に留まります。それは、福音とはいったいほんとうのところは何であるのかを学び、変えられていくためです。

ウガンダのキトグム教区のオコラ(Ochola)主教が自動車爆弾によって妻を失ったのは、彼が長年にわたり、子どもたちを誘拐して少年兵として戦わせていた反政府組織に対する抵抗に取り組んでいたさなかでの出来事でした。彼は、他の教会のリーダーたちと協力して「アチョリ宗教指導者平和委員会」(Acholi Religious Leaders Peace Initiative)を創設し、反政府組織の暴力に対して積極的な代案を提出するために、イスラム教徒リーダーたちとキリスト者リーダーたちを呼び集めました。政府の指導者、そして反政府組織とも会見しながら、内戦の終結に向けて努力するようにと双方に勧めました。オコラ主教は、状況を変えようと努力をしていたのですが、結果的には最も愛する女性を失うこととなってしまったのです。高い教育を受けた人ですから、オコラ主教にはウガンダから立ち去ることもできたはずです。しかし彼は、諸教会を組織しながら暴力に立ち向かい、別の道があることを宣《の》べ伝えるほうを選びました。

裂け目の中を生きるうちにリーダーは、抵抗することや思いがけず訪れる友情関係、また抗議することや新しい創造、その双方への具体的な方策を学んでいきます。彼らは、友人になり、優しく諭し、説教し、抵抗し、組織をつくり、魂を配慮し、抗議し、慰めます。彼らが裂け目に関心を寄せるとき、それはいつも具体的──食べ物、水、家、もてなし、分断を超えて人びとを呼び集めること──です。リーダーが、どんなことにも対処できるようにと人びとを組織化することは、今直面している時と誠実に向き合っていくために、最も必要とされていることです。

裂け目の中を生きる姿は、主イエスによってもたらされた救いによってかたちづくられていきます。けれどもそれは、説教をとおして、罪を犯し続けることにただ単に歯止めをかけようとしたり、地獄に近づかないようにさせたり、自分たちが正しいことを行っていることを確かめてあげたりすることではありません。主イエスもまた、あなたたちの人生を修繕してあげようとか、病や死などあらゆる人間の現実からあなたを救い出してあげようとは約束なさっていません。主イエスが差し出してくださっているのは、はるかにラディカルな救いのヴィジョンです。主は来られて、言が肉となるように「わたしたちの間に宿られた」（ヨハネ一・一四）のです。それが福音であり、「キリストにおいて」最終地点に達する神の新しい創造の物語です。和解のためのリーダーシップには、福音の深みにあるこの方の存在が必要なのです。

リーダーが裂け目の中に留まり続けるうちに、ゆっくりと時間をかけながら、そこでなすべき応答が育ち、だんだんと見えるかたちになり、公のものとなり、宣《の》べ伝えられるようになります。現状に対する代替案とは、その裂け目がもつ特殊性や地域性や背景に特有の独特なかたちや質感を帯びるものです。リーダーは、「福音」が豊かな外観を備えているのと同じように、それらが目に見えるものとなっていくように、かたちを——予想もしておらず、可能だと考えられていたものよりもずっと深くはるかにラディカルなかたちを——与えていくのです。

ワシントンDCに横たわる裂け目の中を生きながら、「救い主の教会」（Church of the Saviour）は、新しい創造とは貧しい人びとに食べ物を提供し、孤独な人びとに寄り添うことであると確信しました。一九四七年に設立された「救い主の教会」は、以後何十年にもわたって誠実に宣教《ミニストリー》のわざに取り組んできましたが、それは、同教会の創立者であるゴードン・コスビー牧師とメリー・コスビー牧師（Gordon and Mary Cosby）によって礎が築かれたものでした。コスビー牧師夫妻は最初から、宣教《ミニストリー》とは内面と外面の両方に関わっていくことであり、主イエスとの親しい交わりへの招きであるとともに、その親しい交わりを憐れみとシャロームによる具体的な働き《ミニストリー》をとおして表現するようにとの招きである、と考えたのです。この独特なヴィジョンに導かれながら、彼らは複数の少人数の教会と様ざまな働きを組織化していくことになりました。そしてその中心に、祈りと礼拝と定期的な沈黙の修養会《リトリート》だけではなく、具体的な働き《ミニストリー》をリードする訓練（ある者はフルタイムとして、ある者はパートタイムとして）を受け続ける「ミッション・グループ」を置いたのです。

わたし（クリス）が彼らの働き《ミニストリー》の場を訪ねたとき、わずか数分のうちに、様ざまな皮膚の色、様ざまな社会層の人たちのあいだをめぐり歩くこととなりました。ポッターの家（コーヒーショップと本屋）、ヨセフの家（死期の迫ったエイズ患者のためのホスピス）、来客者のためのアンデレの家、キリストの家（ホームレスの男性と女性のための、居住型医療施設）、そして、フェスティバル・センター（イエスの弟子として生きるためのトレーニング・センター）。わたしたちは、こうした家をまわりました。ゴードン・コスビー牧師は、正午の祈りのためにみんながやって来るのを静かに座って待っていました。すべての務め、すべての介護、そしてすべての活動の渦のただ中で、内面的な旅が、外面的な旅と同じように中心に置かれ続けているのです。

成長しながら、裂け目の中を生きるようになったリーダーとは、裂け目に横たわっている深い痛みを感じ取り、それを嘆き、そこにある物語を深く学ぶことができるようになるまでに、十分な期間にわたって旅をしてきた人たちです。自分が置かれている場所にある痛みを常に神の前に差し出しながら、リーダーの応答は年月をかけながらゆっくりと深められていきます。そして周囲の人びとを独特な生き方へと引き込んでいくのです。リーダーが壊れた場所に来たのは、ちょっとした回り道をしてのことではなく、「自分の体を神に喜ばれる聖なる生けるいけにえとして献げ」（ローマ一二・一）るためにやって来たのです。

苦しみ

裂け目の中を生きるうちに、日常の生活に根ざしたリーダーは、深い痛みやその場所にある破れを引き受けることになります。リーダーの身体と旅は、新しいものと古いものがしのぎを削りあう場となります。

あるルワンダの教会のリーダーが、虐殺が起こったのち、フツ族の教会とツチ族の教会のリーダーのあいだに橋を築こうと取り組んだ試みについて、話してくれたことがあります。彼は、彼の体験から、不公正によって破壊された社会にあってそれでも進んで真実を語るリーダーたち、しかも、沈黙を決め込んだり不正に携わったりする教会を相手に語るリーダーたちに見られる三つの特徴を挙げました。それは、拒絶、孤独、失望の三つです。新しい「わたしたち《ニューウィー》」をかたちづくっていくために、リーダーは自分の仲間から裏切り者とみなされることをも受け入れなければならないことがあるのです。

神の国の告知、そして、「そこではもはや、ユダヤ人もギリシア人もなく、奴隷も自由な身分の者もなく、男も女もありません」（ガラテヤ三・二八）と語られている新しい創造は、国家、民族、人種、性別、そしてカーストという血統を重んじることから来る縛りつけによる抵抗を受けます。神が恋い焦がれておられるものを、この世界は恋い焦がれてはいないのです。和解の任務は、習慣、願望、アイデンティティー、忠誠心、権力といった領域で繰り広げられる戦いです。裂け目は、新しくされることに抵抗します。そうして、この戦いは、この世界が設ける「聖域」へと踏み込むことを恐れないリーダーの身体といのちそのものに影響を与えます。リーダーは休みなく働き、前線に立ち、すべての陣営の当事者たちに真実を語りますが、そのことによってリーダーが孤独な立場に追い込まれていくことにもなるのです。

時が経つとともに、リーダーはもはや、古いカテゴリーに留まっていることに居心地の悪さを感じるようになります。リーダーの人生は、和解の旅を具体化したものとなっていき、そしてその旅がリーダーを新しい場所へと連れ出します。リーダーの身体は、新しい創造とはどのようなものであるかを休むことなく示し続ける印であり、新しい創造を指し示す道しるべでもあります。彼ら自身の身体には、敵意という分断の壁を主イエスの死をとおして打ち破るために神が払われた犠牲が映し出されていきます。彼らの旅は、呻き続ける旅、死に続ける旅、孤独な旅――古いものとの緊張関係にある新しいものの目に見える印――となります。

回　心

リーダーは、手段を知らないまま、裂け目に応答します。彼らはそこにある苦しみを共有するほどまでに、裂け目の中を生きていきます。リーダーの中には、こうした段階に至るまで旅を続ける者たちは少なくないのです。しかし、それで十分ではありません。多くのリーダーは、この世界の死や苦しみの印を自分の身に負うことになりますが、それでも、この世界の苦しみに関わることによって、わたしたちが贖いの道をたどれるとは限りません。わたしたちは新しいいのちへと変えられるのと同じほどに、苦痛に押しつぶされてしまう可能性もあるのです。

この世界の隔たりに応答する旅には、多くの犠牲者が出ます。多くのリーダーが、最後には、苦痛や怒りに行き着きます。彼らは絶望し、ときには破壊的にさえなります。

苦しみそれ自体は贖いとなるわけでも、また称賛されるべきものでもないのです。多くの痛み、多くの闇、多くの危機が待ち構えている裂け目に足を踏み入れ、その中を生きていくことは危険なことです。裂け目に応答し、その中で生きていくことだけでは十分ではないのです。

和解の任務《ミニストリー》には、リーダーの身体が苦しみの場となるだけではなく、聖なる場——死んで行く場でありよみがえらされる場、十字架の場であり復活の場——となることが必要とされます。回心とは、神と共に旅を続けていくこと、新しい未来に向かって、新しい忠誠心をもつ新しい人間へと変えられていくことです。わたしたちが意味する「聖なること」とは、こうしたことなのです。バニエは、「聖なること」とは、暴力の世界で柔和さを学ぶことである、と考えます。柔和さを学ぶことは、和解の任務と密接に関わっているのです。

正義を求めて働く戦士の多くは、抗議や抵抗のためのスキルを身につけることに夢中になっています。けれども彼らは、そうしたスキルと等しく重要なスキル、裂け目の中で新しい生活を追い求めていくというスキルを決して学ぼうとしません。交わりを成り立たせるために必要な「柔和さ」の特徴的な面の一つは次のことです。それは、リーダーとは、痛みを受け入れて吸収することを学ぶ人たちであり、痛みを他の人々や自分自身にも押しつけようとはしない人たちのことである、ということです。

この点は、ネルソン・マンデラやデズモンド・ツツのようなリーダーたちがもっていた精神《スピリット》に実にはっきりと現れています。彼らはたしかに、抗議や抵抗に必要なスキルを身につけていました。

不正義がつくり出した裂け目において、大きな重荷を負いました。しかし彼らがそこで発したのは、相手の糾弾ではなく自分の確信であり、相手への最終判決ではなく自分の贖いであり、拒絶ではなく抱擁でした。南アフリカにおいてまことに預言者的な性質をもつ彼らのわざは、憐れみという質を備えた正義を追求することでした。彼らはそれを、敵や見知らぬ人たちとの交わりをたずね求めながら、問い続けたのです。おそらく、彼らの目の前に置かれた自分自身の破れが、なんらかのかたちで彼らを謙遜にさせ続けたのだろうと思います。なぜなら、彼らは「災いだ、南アフリカの白人たちは」と言い続けるだけではなく、「災いだ、このわたしは。災いだ、わたしたち南アフリカの黒人たちは。わたしたちもまた、同じパターンをたどる危機に瀕している」とも語り続けたからです。

この精神《スピリット》は、ダーラムの町にとってとても大切な存在であるアン・アットウォーター（Ann Atwater）［一九三五―二〇一六年。公民権運動に携わった活動家として知られる］とC・P・エリス（C. P. Ellis）［一九二七―二〇〇五年］にも見られるものです。アンは貧しい黒人居住地区出身の活動家でしたが、貧しい白人居住地区出身でありクー・クラックス・クラン［白人優越主義の秘密結社］のメンバーだったC・Pと、ついに直接顔をつきあわせることになりました。当初、アンとC・Pは、互いを殺したい——文字通りに——と思っていました。けれども、ダーラムの学校において人種差別が撤廃されたのち、二人はいっしょに働くことを強いられることになりました。そして、同じ親として、ダーラムの貧しい人たち——人種にかかわらずすべての貧しい子どもたち——のための教育について、同じく深い関心をもっていることに気がつく恵みを与えられたのです。共通の目的をもっているということをとおして思いがけない友情がゆっくりと育まれていき、C・Pはクー・クラックス・クランを脱退し、アンは敵意から抜け出しました。そして二人とも、彼らの新たな忠誠心を受け入れることのできなかった友人たちを失いました。

C・Pは数年前に亡くなりましたが、アンは主張し続けました。彼女は、不公正が行われている事実を語ることを決してやめませんでした。しかし、彼女は、復讐ではなく、悔い改めと交わりの可能性を尋ね求める精神《スピリット》をもって、人びとをリードするようになっていました。それは、C・Pという名のクー・クラックス・クランのメンバーと友人になり、そこで学んだ愛によって自分がかたちづくられた、という経験をとおして培われた精神でした。その間、彼女にはずっと深い痛みと絶望がありましたが、どういうわけかそれでも、それらが彼女を孤独や破壊に向かわせることはなかったのです。

ツツやマンデラ、C・Pやアンのようなリーダーたちの中に、途方もなく深い憐れみの現れを見るのと同時に、わたしたちはまた喜びと笑いと祝祭という驚くほどにまばゆい輝きをそこに見ます。こうしたことは一般的な社会活動家から受ける印象とは著しく対照的です。多くの場合、一般的な活動家は新鮮さや贖いよりも、真剣すぎて厳しく、余裕のないほどに働いている印象を与えるからです。

たしかに、和解の任務《ミニストリー》において、リーダーの身体が苦しみと死の場にならなければならないのであれば、彼らはまた、復活と新しいいのちの印へと変革されていくに違いありません。まさに彼らの身体、いのち、旅そのものが、パウロの言葉に力強く言い表されている福音の宝についての記述を、肉体化するものとなるのです。

「ところで、わたしたちは、このような宝を土の器に納めています。この並外れて偉大な力が神のものであって、わたしたちから出たものでないことが明らかになるために。わたしたちは、四方から苦しめられても行き詰まらず、途方に暮れても失望せず、虐げられても見捨てられず、打ち倒されても滅ぼされない。わたしたちは、いつもイエスの死を体にまとっています、イエスの命がこの体に現れるために。わたしたちは生きている間、絶えずイエスのために死にさらされています、死ぬはずのこの身にイエスの命が現れるために。こうして、わたしたちの内には死が働き、あなたがたの内には命が働いていることになります」（Ⅱコリント四・七―一二）

このような「聖」が、リーダーに必要とされているということは、とても大切です。聖なること、それは、長くしかも日常的に、ゆっくり時間をかけて歩む回心の旅からもたらされる、高価で美しい実りにほかなりません。

神のものとして生きる

わたしたちは、リーダーが公の場で行っていることをとおして彼らを知ることができます。しかしその一方で、リーダーの隠された旅や工夫を知ることなしに彼らのことやその働きを理解することはできません。実のところ、本書で取り上げてきたリーダーの人生やヴィジョンは、このように隠れた事柄から離れてしまっては理解できないのです。

「神の抵抗軍」(Lord's Resistance Army : LRA) との紛争について、平和を求めるウガンダ人リーダーの中でも最も重要な人物の一人は、カトリック教会の大司教ジョン・バプテスト・オダマ (John Baptist Odama)［一九四七年―］です。二〇〇七年に、わたし（エマニュエル）はオダマ大司教を訪問したことがあります。彼は、政府とLRAの橋渡しをしようとするなかで受けた苦しみについて、話を聞かせてくれました。彼は双方から厳しい批判を受けたのです。しかし、彼は地域の人びとからは愛されています。オダマ大司教は祭服を身にまとったまま出てきて、紛争から逃れてきた子どもたちといっしょに路上で寝たことでも知られているのです。わたしが訪問したとき、ある人が「ＬＲＡをすでに赦しておられるのですか？」と尋ねました。「問題は」、オダマ大司教は答えました。「あの子どもたちが、わたしのことを赦してくれているかどうか、だね」。

オダマには、こんな逸話があります。彼は、子どもたちを膝の上に乗せると、その子どもたちに、紛争をこんなにも長引かせてしまっていることへの赦しを請うた、というのです。彼は難民キャンプを訪ね、反政府組織と交渉し、疲れ知らずの働きを続けています。毎日がどうしようもなく忙しい、と彼は言います。訪問、会合、交渉でいっぱいなのです。

「けれども、毎週木曜日にはね」とオダマ大司教はわたしに言いました。「予定を入れることはできないんだ」。毎週木曜日は、誰も彼に会うことができません。外出するわけではないのです。その日は、独りで礼拝堂で過ごすのです。「ご聖体の前で、ね」。オダマ大司教は、毎週礼拝堂でまる一日を過ごし、公の場から身を隠すことによって、戦いの場から退き、主イエスのご聖体を崇《あが》め、神の声を聞き、神に向かって叫び、そうして、裂け目に向かっていくためのさらに深いヴィジョンを携えて出発するのです。

公の場でのオダマ大司教は、よく知られています。しかし、わたしたちが目にすることのないオダマを抜きにして、公に知られているオダマは存在しません。自分の働きと神へのヴィジョンに常に立ち返るためには、神のものとなって生きる必要があります。わたしたちの目に触れないオダマ大司教は、神のものとなって生きるとはどういうことかを示しています。

隠れた場所を工夫して確保することはとても大切です。和解の任務にはもろいところがあり、それが神のヴィジョンとは別なものとなってしまう危険に常にさらされているからです。この裂け目は、大きな霊的な戦いが繰り広げられる場所です。そこは、まさにこの世界での生活と教会のいのちそのものが危機に瀕する場所であり、それゆえ、闇の諸力が集中する場所なのです。また、この旅は長く、困難で、孤独なものであるため、リーダーは大きな危険と隣り合わせの状態になります。たとえば高慢になり、仕事中毒になり、功利主義となり、ローン・レンジャー化し［テレビドラマの主人公ローン・レンジャーのように、独りで即座に問題を解決する英雄になろうとすること］、そうして、新鮮な洞察力と資源を喪失して次第に萎縮していくのです。

専門家の世界は、外面的なテクニックと戦略の世界ですが、こうした資源や方策があるだけでは、和解の任務にあるリーダーにとっては不十分です。このような独特なタイプのリーダーは、自分がリフレッシュするために、神が与えてくださり、しかも埋もれがちになる贈りものからたっぷりと豊かさを引き出すことを学び、さらに、神を中心にし続けることを訓練によって身につけていかなければなりません。

そのために神がくださる贈りものの一つは祈りと黙想です。あまりにも多くの雑音や活動の喧騒のただなかにあって、働きを止め、主イエスを崇め、自分の苦しみや問いかけを主イエスのもとに置き、主イエスの声にじっと耳を傾けるとき、わたしたちは思い出すのです。和解は神からの贈りものであり、神のヴィジョンであり、神がその導き手である、ということを。そのようにしながら、わたしたちもわたしたちが描くヴィジョンも、ゆっくりと変えられていきます。その意味では、祈りと黙想によって共におられるキリストの内に留まること、そのことが和解の働きなのです。

神が与えてくださるもう一つの贈りものは教会とキリスト者のコミュニティーです。もちろん、教会はいつも問題だらけで弱い部分も多くあります。しかしそれでも、リーダーにとって、信仰によって素直に自分を教会に結びつけ、教会が与える生命力と贈りものにふれているようにすることが特に大切です。教会のいのちや礼拝にしっかりと足場を置き、また、教会だけがもっている独特な物語やヴィジョンに根ざし続けることによって、旅や務めをとおして、また、この「わたし」やこのわたしの内にある裂け目よりもずっと大きなコミュニティーの中で、わたしたちはかたちづくられていきます。つい最近まで人びとから隠されていたマザーテレサがいなければ、公に知られているマザーテレサは存在しません。彼女が遺した私的な日記には、霊的修養と霊的指導の世界、涙にあふれた祈りと神との格闘、マザーのヴィジョンの真価を確かめようとする司教たちのこと、透明性と黙想の訓練、そして、マザーを正し、養い、励ましていったコミュニティーの存在が明らかにされています[2]。コミュニティーに所属することを学ぶことによって、わたしたちは自分のわざを神へと戻すことを学んでいきます。

さらに、神学的な反省という贈りものもあります。キリスト者のヴィジョンから生まれた正義と平和のためのわざが直面する最も大きな危険の一つは、それが次第にキリスト教独自のルーツやヴィジョンから離れていってしまうことです。裂け目が広がる世界――人びとのあいだにある不公正や分裂――において、この旅は、次第に外面的なニーズだけに対応するようになりかねないのです。たとえば、もっと家屋を建てること、もっと多くの人に奉仕すること、経済的な豊かさや自給自足経済への援助、そして、まだまだ対応すべき要求は続きます。やがてリーダーとその働きは、主イエスと共に旅をするという基本から、ゆっくり離れていってしまうのです。

こうしたケースは何度でも繰り返されます。リーダーは、ますます実利的なことや実用性を重んじるようになっていきます。そうして、キリスト教の物語が、どれほど独特でラディカルな希望や変革のヴィジョンをかたちづくっているか、ということへの関心を失ってしまうのです。だからこそ、絶えず次のように問い続ける神学的反省がとても大切です。「なぜわたしたちは、わざわざこの働きに携わっているのだろう？　わたしたちはいったいどこに導こうとしているのだろう？　わたしたちが主イエス・キリストにおいて示されたこの世界に対する神の愛を確信していると、そのことから、この働きにどのような違いが生まれてくるのだろう？」。神学的反省のためには、批判を加えることができるよう、ある一定の距離をとることが必要です。そのためには、反省する時間をとるために一歩さがってみる訓練が必要ですし、また、その働きに直接関係していない相手と会話を交わすことで反省を加えるということもできるでしょう。

最後の贈りものとして挙げておきたいのは、安息日です。わたしたちは、すべてのことを中断して神を礼拝し、休息し、食卓を囲み、共に祝う、という訓練を施されながら、神こそがわたしたちに必要な唯一の御方であることを思い起こすのです。神は柔和なしかたでわたしたちを権威の座から引き降ろし、主イエスがわたしたちのもとにおいでになり、わたしたちのわざの中心に立たれます。そして、神こそが、この旅の主語となる方であることをわたしたちに忘れないようにさせてくださいます。そうしてわたしたちは、神がわたしたちを担ってくださり、必要なものをすべて与えてくださることを信頼するようになるのです。

壊れたこの世界に訪れる安息日という中断は、本書を始めたあの場所にわたしたちを連れ戻してくれます。わたしたちはこの本を、次の確信から始めました。この壊れた世界のただなかで、信仰によって誠実に歩む巡礼者になることを学ぶということは、わたしたちがさらにキリスト者になっていくということと一つのことなのです。裂け目に応答するため、どのようにスピードを落としたらよいかをわたしたちが学ぶとき、行く道がわからなくてもとにかく歩みを進めていくことをわたしたちが学ぶとき、裂け目の中を生き、しかもその場所で苦しみ、変革され、自分たちの身体をもって福音を示すことができるようになるまでその裂け目に留まることを学ぶとき、そして、わたしたちが、その旅において自分たちは神のものであることを学んでいくとき、わたしたちはさらにキリスト者になっていく道を歩んでいるのです。

これが、和解の旅におけるリーダーの心であり、精神《スピリット》であり、人生です。これが、スピードを落とすことによってさらにキリスト者になっていく、ということの意味です。これが、日常の生活に根ざしたリーダーから放たれる光であり、その光は、壊れ、分裂したこの世界のただなかに置かれた土の器をとおして照り輝くのです。それは、キリストを指し示す光であります。

1 Stanley Hauerwas and Jean Vanier, *Living Gently in a Violent World* (Downers Grove: InterVarsity Press, 2008), pp.28-29〔ハワーワス／バニエ『暴力の世界で柔和に生きる』五十嵐成見／平野克己／柳田洋夫訳、日本キリスト教団出版局、二〇一八年、三六―三七頁〕を見よ。

2 Mother Teresa, *Come Be My Light: The Private Writings of the Saint of Calcutta*, ed. Brian Kolodiwjchuk (New York: Doubleday, 2007)〔マザーテレサ、コロディエチュック編『マザーテレサ――来て、わたしの光になりなさい!』里見貞代訳、女子パウロ会、二〇一四年〕を見よ。

おわりに――長い期間にわたる旅

わたしたちはここまで和解の旅に取り組んできました。しかもそのスケッチを、信仰によって誠実に日常の生活を生きていくことがキリストにおけるすべてのものの和解へと導いてくれる、というヴィジョンのもとで描いてきました。この旅が成功したかどうかは、基本的には長期的なスケールではかられることとなります。

わたしたちがあなたをお招きした和解の旅は、長い道のりであり、そうなることを避けることはできません。しかもそれは、困難な旅、日々の働きの積み重ねによる旅です。抗議したり反対したりすることも一つのあり方です――そして、そのことも欠かすことのできない神からの招きです――。しかし、見知らぬ人びと《ストレンジャーズ》や敵対する相手とのあいだで、主に愛された共同体を形成するということになると、そこにまったく別の事柄が浮かび上がってきます。しかも、この壊れた世界において、神こそわたしたちが最も知りえない方（the greatest stranger）であると告白するのであれば、なおさらです。長期間にわたる旅ですから、そこでわたしたちが問われるのは、「時間」や「変革」について、神ご自身が描いておられるヴィジョン、つまりわたしたちが描くのとは異なるヴィジョンを具体化していくことを学ぶという課題です。この神のヴィジョンは、スピードがもてはやされる世界、神抜きでも変化をもたらせるとの自信に満ちた世界、悔い改め抜きの平和によって成り立つ世界からするなら奇妙なヴィジョンです。

ジョン・パーキンズは、人種差別の法律上の終焉を自分の目で見ることができましたが、それはメンデンホールやウエストジャクソンやノースパサデナという街々の貧困が終わったということではありませんでした。パーキンズを殴った人のなかに、彼のもとに赦しを求めに来た人は一人もいませんでした。マーシャ・オーエンは、ダーラム市内で発生したすべての暴力に対して、ダーラムに住む人たちがひざまずいて悔い改める姿を見たことがありません。また、アン・アットウォーターは、彼女とC・Pが子どもたちのために心血を注いだのと同じように、様ざまな肌の色の貧しい子どもたちを世話するダーラムの諸教会を見たことがありません。南アフリカこそ「和解の輸出国」だと声高に語られるにもかかわらず、デスモンド・ツツとマイケル・ラスプレーは、アパルトヘイト政策の廃止と真実和解委員会の働きの完了は、ただ単にさらに深い取り組みの始まりに過ぎないことを知っています。フィリーナ・ヒュアーツとクリス・ヒュアーツ、またジョナサン・ウィルソン-ハートグローヴやレア・ウィルソン-ハートグローヴ（Leah Wilson-Hartgrove）などの若いリーダーたちは注目すべき希望の印であり、彼らの世代にはたゆむことなく働き続ける（restless）キリスト者たちが生まれています。しかしそれでも、彼らの仲間たちの大部分はいまでも、この世界で最も貧しいコミュニティーに向かう道に車を走らせることよりも、ウォールストリート街が約束するものを好んで追い求めています。

長い期間にわたる旅を目の前にして、問わざるを得なくなります。それは一度だけではなく、この旅において何度も何度も問うことになる問いです。「なぜ、わざわざ関わっていくのだろう？裂け目からは困難がやって来るし、新しい創造に対する抵抗がわたしたちのなかにも他の人たちのなかにもある。それなのに、なぜ関わっていくのだろう？」

聖書は、「喜びのゆえに」イエスは「十字架を忍び」（口語訳、ヘブライ一二・二）とわたしたちに語ります。あたかも和解とは神のわざであるかのように生きていくわたしたちにとって、この長期にわたる旅は、いずれ必ず、喜びを追い求めることを特徴とする旅になっていくに違いありません。単なる押しつけの訓練や義務ではないのです。そこに喜びの精神《スピリット》がないのなら、平和を追求することには、そこで出会う困難に見合うだけの価値はありませんし、長い期間にわたって歩き続けていくこともできません。しかもそれだけではなく、喜びの精神がないのなら、どこかさらに深い部分に欠けたものがあるのです。

和解とは「〜すべきである」とか「〜しなければならない」というようにただ果たすべき課題のことである、と考えるのではなく、和解とは神からの招待であり、最も美しくて真実なことに参加するようにとの招きであると理解することに、すべてがかかっています。それでは、いったい何が最も美しくて真実なことなのでしょう？　この旅は、仲間たちと共に、神の新しい創造へと向かう旅――コルコタに開いた穴、ダーラムに横たわる裂け目、ウガンダ北部を引き裂く分断、公民権運動後のアメリカが直面している問い、そして、バラバラになっているわたしたち自身の家族や教会を通って行く旅――であり、さらに先へ、さらに先へと進みながら、神との友情や他者との友情が待つ将来へと足を踏み入れていく旅です。しかもこの旅は、もろさを抱えた旅です。死んでいく旅であり復活させられる旅です。希望の印が割り込んでくるのを見る旅です。そして、神が、これは極めてよい、となさった新しい創造を味わいながら歩む旅なのです。

敵対する相手や見知らぬ人たちが友人になっていく――そして、すべてのものが神の仲間になる――という深いヴィジョンに基づいた変革には、時間がかかります。それは、長い時間です。わたしたちに与えられている時間よりもずっと長くかかるのです。その働きが、わたしたちの生きているあいだに成し遂げられることは決してありません。わたしたちが到達することは決してありません。わたしたちがすべてを修復することは決してできません。この世界に友情に基づく新しいコミュニティーをつくろうとなさる神のわざは、「時と時のはざま」――主イエスの復活と再臨とのはざま――というもろさのなかで出来事となっていくのです。

この二つの時のあいだで、しかも今そしてここで、わたしたちは少しでもよい働きができるようにと与えられた時間を用います。裂け目のなかに足を踏み入れ、わたしたちのいのちをささげます。

わたしたちが選ぶのは速く行くことではなく遠くまで行くことであるので、仲間たちと共に時間をかけながらこの旅を歩みます。愛と徳をもって、自分が持っているものを差し出しながら、できることを行っていきます。わたしたちに与えられている最善のものを、些細とも思えることにさえ用いながら。なぜならわたしたちは、これから自分たちを裏切ろうとする人の足を洗うことの大切さを、そして、道端の見知らぬ人のために自分たちの力を注ぐことの大切さをすでに知っているからです。そしてもちろん、最も身近な人たちを失うことがないように、十分な時間を取ることもするでしょう。すぐ身近にいる人たちやわたしたちのことを誰よりもよく知っている人たち、そして、わたしたちのことを毎日見ている人たち――わたしたちの子どもたち、わたしたちの伴侶、わたしたちの家族、わたしたちの近隣の人たちや同僚たち――から平和の人として見られることがなければ、わたしたちは世界の平和についていったいどのようなメッセージをもちうるというのでしょう？

　あなたは、裂け目に向かっていくことでしょう。なぜなら、それがあなたのなすべきことであるからです。あなたは、歩み続けていくことでしょう。なぜなら、あなたもあなたが出会った人たちも、その道すがらにそれまで以上に主イエスを親しく知るようになったからです。この主イエスという見知らぬ方《ストレンジャー》から離れてしまうならば、あなたもこの世界も恵みを失い、衰えてしまうことを、あなたはすでに知っています。そして、いつかあなたは振り返り、気がつくことになるのです。

あの厳しい課題に立ち向かわざるをえなかったときでさえ、そこには数多くの希望の印があり、そこに栄光を垣間見ることができる、ということを。あなたは知ることになるでしょう。旅を続けるために必要なものすべてを神が与えてくださり、あなたとあなたの仲間たちを幾度も驚かせてくださったことを。そしてまた、あなたもあなたが出会った人たちも、裂け目を歩くうちに、いくらかなりとも新しい人間になっていることを。

わたしたちがこれらすべてのことから学び、そしてわたしたちの生活をとおして宣《の》べ伝えていくのは、次のことです。すなわち、信仰をもって誠実に和解を生きていくために大切なことは、瞬間のことでも派手なことでもありません。そうではなく、長い期間をかけながら、わたしたちがわたしたちの出会う人たちと共に、いったいどのような人間になっていくのか、そして、彼らといっしょにそこに何を残していけるのか、ということなのです。そしてまた、実に小さなものでありながら、しかしそれでもそこに残すべきものがあります。それは、壊れた世界につけたわたしたちの足跡です。その足跡が、この世界に宣《の》べ伝えてくれるでしょう。「現在の状況は決してあるべき状況だとは限らない」、と。

わたしたちの日々の終わりに、わたしたちがこのような足跡を残したのちに、また、わたしたちの持てる時間を神の時間に重ね合わせながら生きたのちに、わたしたちはこの世界をお造りになり主イエスを死者から復活させた主なる神からお言葉をいただきます。それは、わたしたちにとって、もうそれだけで満ち足りた言葉です。「忠実な良い僕だ。よくやった」。
そうです、巡礼仲間のみなさん、これこそが成功なのです。

文献案内

STORIES

Allen, John. *Rabble-Rouser for Peace: The Authorized Biography of Desmond Tutu*. New York: Free Press, 2006.

Bernardin, Joseph Cardinal. *The Gift of Peace*. New York: Doubleday, 1997.〔ジョセフ・カーディナル・バーナーディン『やすらぎの贈り物』石井朝子訳、ドン・ボスコ社、1998年〕

Neumark, Heidi. *Breathing Space: A Spiritual Journey in the South Bronx*. Boston: Beacon, 2003.

Perkins, John. *Let Justice Roll Down: John Perkins Tells His Own Story*. Glendale, Calif.: G/L Regal Books, 1976.

Rice, Chris P. *Grace Matters: A Memoir of Faith, Friendship, and Hope in the Heart of the South*. San Francisco: Jossey-Bass, 2002.

Spink, Kathryn. *The Miracle, the Message, the Story: Jean Vanier and l'Arche*. London: Darton Longman & Todd, 2006.

Teresa, Mother. *Mother Teresa; Come Be My Light: The Private Writings of the "Saint of Calcutta,"* edited by Brian Kolodiejchuk. New York: Doubleday, 2007.〔マザー・テレサ『マザーテレサ――来て、わたしの光になりなさい！』ブライアン・コロディエチュック編・解説、里見貞代訳、女子パウロ会、2014年〕

Worsnip, Michael, *Priest and Partisan: A South African Journey*. Melbourne: Ocean Press, 1996.

CONTEXTS OF PAIN AND HOPE

Gornik, Mark R. *To Live in Peace: Biblical Faith and the Changing Inner City*. Grand Rapids: Eerdmans, 2002.

Katongole, Emmanuel. *Mirror to the Church: Resurrecting Faith after Genocide in Rwanda*. Grand Rapids: Zondervan, 2009.

Marsh, Charles. *The Beloved Community: How Faith Shapes Social Justice, from the Civil Rights Movement to Today.* New York: Basic Books, 2005.

Perkins, Spencer, and Chris Rice. *More Than Equals: Racial Healing for the Sake of the Gospel*. Rev. ed. Downers Grove: InterVarsity Press, 2000.

Thomas, Jean, with Lon Fendell. *At Home with the Poor*. Newberg, Ore. : Barclay Press, 2003.

Stentzel, Jim, ed. *More Than Witnesses: How a Small Group of Missionaries Aided Korea's Democratic Revolution*, Seoul: Korea Democracy Foundation, 2006.

Wilson-Hartgrove, Jonathan, *Free to Be Bound: Church Beyond the Color Line*. Colorado Springs: NavPress, 2008.

BIBLICAL AND THEOLOGICAL REFLECTION

Brown, Sally A., and Patrick D. Miller, eds. *Lament: Reclaiming Practices in Pulpit, Pew, and Public Square*. Louisville: Westminster John Knox Press, 2005.

DeYoung, Curtiss Paul. *Reconciliation: Our Greatest Challenge-Our Only Hope*. Valley Forge, Penn.: Judson Press, 1997.

Hauerwas, Stanley. *The Peaceable Kingdom: A Primer in Christian Ethics*. Notre Dame: University of Notre Dame Press, 1983. 〔S. ハワーワス『平和を可能にする神の国』東方敬信訳、新教出版社、1992 年〕

Jones, L. Gregory. *Embodying Forgiveness: A Theological Analysis*. Grand Rapids: Eerdmans, 1995.

"Reconciliation as the Mission of God: Christian Witness in a World of Destructive Conflicts" (2005).<https://divinity.duke.edu/sites/divinity.duke.edu/files/documents/cfr/reconciliaton-as-the-mission-of-god.pdf>

Schreiter, Robert J. *The Ministry of Reconciliation: Spirituality & Strategies*. Maryknoll, N.Y.: Orbis, 1998.

Williams, Rowan. *Resurrection: Interpreting the Easter Gospel*. 2nd ed. Cleveland: Pilgrim Press, 2002.

PRACTICES AND LEADERSHIP

Lederach, John Paul. *The Moral Imagination: The Art and Soul of Building Peace*. New York: Oxford University Press, 2005.

Perkins, John. *Beyond Charity: The Call to Christian Community Development*. Grand Rapids: Baker, 1993.

Vanier, Jean. *The Scandal of Service: Jesus Washes Our Feet*. New York: Continuum, 1998.

SOCIAL AND THEOLOGICAL ANALYSIS

Katongole, Emmanuel. *A Future for Africa: Critical Essays in Christian Social Imagination*. Scranton, Penn.: University of Scranton Press, 2005.

Philpott, Dan, ed. *The Politics of Past Evil: Religion, Reconciliation, and the Dilemmas of Transitional Justice*. Notre Dame: University of Notre Dame Press, 2006.

神の使命として和解を回復する

10のテーマ

1　**和解とは、神から世界への贈りもの《ギフト》です。この世界の深い破れを癒やすことは、わたしたちから始まるわけでも、わたしたちの行動から始まるわけでもありません。それは神、そして新しい創造という神の贈りものから始まります。**

神のいのちとみわざの物語をわたしたちが無視するならば、和解は一般受けはしても、その意味はいつまでも漠然としたままになってしまうでしょう。しばしばキリスト者は自分たち、あるいは世界を中心に置きながら、壊れた世界を修復しようとします。この世界の緊急なニーズに応答する中で、最初の問いは「わたしたちは何をするべきか」ではなく、「何が起きているのか」であるべきです。わたしたちの人生の物語、そして世界の物語は、神がすでに成し遂げられたことと共に始まります。物語の中心はイエス・キリストです。「だから、キリストと結ばれる人はだれでも、新しく創造された者なのです。……つまり、神はキリストによって世を御自分と和解させ」(Ⅱコリント5：17, 19)。和解が神の物語といのちとに結びつくとき、この世界において神の和解の使者になるという招きは明らかになり、緊急性のあるものとなります。

2　**和解とは理論でも、達成結果でも、テクニックでも、イベントでもありません。和解とは旅のことです。**

聖書は和解の任務《ミニストリー》の中心です。なぜならば、聖書は、旅が導く特殊な目的地を指し示しているからです。また現実の場所や生活の中にある深い破れにわたしたちが関わっていくときに、その旅の道筋をかたちづくるからです。聖書の独特な物語がなければ、わたしたちは想像力を培うことができません。想像力こそ和解の旅がもたらす贈りものや課題を生きるために必要なものなのです。

3　**和解の旅が導く目的地は、神が新しく創造されるシャロームです。それはいまだ完全には実現されていない将来です。また、それはいのちの個人的、社会的、構造的次元の変化であり、その全体が密接に関わりあっています。**

どのようなときにも重要となる問いは、「何に向かって和解するのか」

という問いでなければなりません。和解とは、ただ単に近隣の人々と仲良くしたり、神と共に心安らぐことではありません。単に個人的、あるいは社会的な次元に収まるものではないのです。また、単なる紛争の政治的な決着でも癒やしを伴わない調停でもありません。和解は決して、権力をもつ側の人々の現状を維持するための道具とされてはなりません。そうではなく、和解とは常に、神と民との友情という新しい将来に向かって変革されていく旅のことなのです。それは人間の繁栄に関する全体的かつ具体的なヴィジョンです。

4　**和解の旅には、嘆きの訓練が必要とされます。**

嘆きを「訓練」と呼ぶのは、それだけ嘆きを身につけていくことが難しいからです。嘆きとは、この世界の破れを目で見て、はっきりとそれを破れであると呼べることです。わたしたちが嘆きを学ばない限り、表面的にしか世界の破れと関わることができず、わたしたちの回心を必要としない、手っ取り早い簡単な解決を提供することになってしまいます。嘆きの訓練は、この世界の破れの深さ（わたしたち自身の破れ、そしてその破れへの教会の加担も含まれます）をわたしたちに見えるようにさせてくれるだけではありません。それはまた和解を、真実、回心、そして赦しを伴う旅としてかたちづくるのです。

5　**この壊れた世界において、神はいつでも希望の種を蒔いておられます。けれどもその種は必ずしも、わたしたちが予想したり切望する場所に蒔かれるというわけではありません。**

和解には希望が必要です。しかし希望する能力にはトレーニングが必要です。急いで和解を成功させようとする企ての陰には、和解の旅を短くしたいという願望が隠されているのかもしれません。そのことは神が与えてくださる新しい創造の印を認識できず、その印と共に生きることができないわたしたちの無力さを明らかにするものです。また同時に、この壊れた世界で絶望し、希望を捨ててしまうことも簡単なことです。和解の旅では、停滞した現在においても希望をもって忍耐しながら生きていくというトレーニングと共に、希望の印を見てそれを具現化していくことを学んでいくのです。

6　**記憶を排除した和解はありません。過去の痛みと赦しへの招き、この両方に真剣に関わることがなければ平和な明日への希望はないからです。**

「記憶を排除した和解」と「交わりを排除した正義」。これらはどちらも、よく記憶できなかったことの結果です。一つ目は歴史の傷を忘れてしまうことによって、二つ目は復活の約束と赦しへの招きを忘れてしまうことによって。キリスト者の和解のヴィジョンは、主イエスの復活の体の御《み》傷を思い出すことにより、記憶や交わりを排除しようとする誘惑を避ける手助けを与えてくれます。

7 **和解は教会を必要とします。けれども社会福祉機関やNGOとしてではありません。**

和解は専門家の任務ではありません。和解は「キリストと結ばれる人はだれでも」与えられる、神からの贈りものです。キリスト者は、和解させていただくということ、そして、和解の使者になるということ、この両方がどういう意味であるかを教会の中で、また教会を通して学びます。教会は、和解という神の贈りものによって可能となる社会的実在であり、「実演農場」となるように召されています。教会の使命は、神の新しい創造という平和を指し示し、今なお継続している聖霊の働きに参与することによって、この世界の分断と暴力の物語に中断をもたらすことです。そのような中断がもたらされることがなければ、わたしたちは神の新しい創造によって可能とされたもう一つの選択肢を知ることもなかったでしょう。教会が和解の印、そして和解の代理人として存在するためには、破れのある場所のただ中にあって、希望という深い使命を指し示し、具現化するものでなければなりません。わたしたちはこのことを、わたしたちがその地域に存在することを通して行っていきます。わたしたちは、その地での日常の生活において、人びと――特に見知らぬ人や敵対する人――を配慮し、歓待し、奉仕し、しかも同時に、そこにコミュニティーをつくり、不正と戦い、弾圧に抵抗するという、実践・習慣《プラクティス》を積み重ねていくのです。

8 **和解の任務には特定のタイプのリーダーシップが必要であり、またそれを生み出します。それは具体的なスキル、美徳、習慣――長く、時に孤独な和解の旅に必要な――を深いヴィジョンと結び合わせることができるリーダーシップです。**

和解の専門家はたくさんいます。しかしリーダーは多くはありません。和解には、「向こう」(beyond)から来る神の国のヴィジョンに根ざし

たリーダーが必要です。リーダーは「今」という手強い現実の中で、忍耐強く働きます。変革と回心が、そのようなリーダーを生み出します。そのためにはよい導き手だけではなく、祈りと勇気と喜び、そして実践に基づく知恵を特徴としたライフスタイルが必要です。

9 **回心を排除した和解はありません。回心とは、神と共に旅を続けることであり、新たにされた民が、新たにされた忠誠心をもって将来へと足を踏み入れていくことです。**

罪によって壊されているために、神が望んでおられることをわたしたちが心から望むことはありません。世界、そして世界を分断している境界線、つまり国家、民族、人種、性別、男性と女性、権力やカーストなどは、神に愛されているコミュニティーという新しい創造を認めようとしません。このコミュニティーについて、ガラテヤ 3:28 に次のように記されています。「そこではもはや、ユダヤ人もギリシア人もなく、奴隷も自由な身分の者もなく、男も女もありません」。私利私欲は、人間関係の目的となりやすく、所属集団への忠誠心は政治の目的になりやすいのです。それゆえ和解には、願望や習慣や忠誠心が変革されることが必要です。この長く高価な回心の旅は、神の赦しと恵みなくしては不可能です。しかし、それでも希望を抱き続けることができるのは、神がこの変革のためにわたしたちが必要とするすべてのものを与えてくださることを約束してくださったからです。

10 **想像力と回心は、和解の核心そのものです。**

和解とは、新しい想像力によって生きることを学ぶことです。神は、神の新しい創造の物語を映し出した人生やコミュニティーをかたちづくることを願っておられます。それらは、それまでとは異なる道を具体的に示す例であり、そこではこの世界で平和に生きるという課題が具体的に日常生活の中で実践されています。それゆえ和解の働きは、テクニックの訓練やハウツーを身につけることよりも、物語を語ることやイエスの弟子として修練を積むことによって支えられていくのです。神との友情や聖書の物語や信仰者の生涯の物語、またこうした物語が伝える美徳や日常の行いを学んでいくなかで、和解は、キリスト者にとって普通の、日常的な生活パターンとなっていきます。

訳者あとがき

主イエス・キリストは、わたしたちに語りかけてくださいます。「もはや、わたしはあなたがたを僕《しもべ》とは呼ばない。僕は主人が何をしているか知らないからである。わたしはあなたがたを友と呼ぶ。父から聞いたことをすべてあなたがたに知らせたからである」（ヨハネ一五・一五）。

主イエスは、このわたしさえ「友」と呼んでくださいます。そして、主イエスなしには決して会うことのなかった人たちと会うようにと、わたしたち一人一人を連れ出してくださいます。

本書の《日本語版への序文》にクリス・ライスさんが記したように、わたしたちの出会いは不思議なものでした。そして、本書の共訳者、佐藤容子さんとの出会いもそうです。佐藤さんは、彼女が所属する藤沢教会で、わたしの訳書ウィリアム・ウィリモン『洗礼』（日本キリスト教団出版局）を読んだのだそうです。そして同書が生まれた場所、「デューク大学」という名前が心のどこかに残り、やがてこの大学で開かれた「夏期和解フォーラム」に参加。それを機会に、同大学に滞在して博士論文のリサーチを行っていたのです。佐藤さんが突然クリスから、だれか日本を案内してくれる人を紹介してほしい、と頼まれたのは、そんなときでした（六頁をごらんください）。彼女はわたしの名前を挙げました。しかしわたしが佐藤さんと会ったのはたった一度だけ、しかも、彼女が代田教会の日曜の礼拝に出席し、その帰り際に五分、立ち話をしただけです（《序文》にあるようにクリスとの最初の会話も五分でした！）。わたしたちの主は、わずか五分を用いて、見知らぬ者を友人に変えてしまうのです。

クリスは社会実践家、佐藤さんは作曲家、わたしは牧師。不思議な取り合わせです。しかし、教会は、思いがけない友情が生まれるコミュニティーです。クリスにこんな話をしたことがあります。日本では、彼が話すような《和解の神学》をこれまで聞いたことがない。彼は驚きました。そして、問い返しました。「どうして？　日本人にも和解すべき相手がいないはずがないだろう？」返す言葉がありませんでした。やがて、わたしたち日本語で生活するキリスト者の対話の相手として、この書物――二〇〇九年に米国クリスチャニティ・トゥデイ誌よりブック・アワードを受賞した定評のある本です――を紹介したいと思うようになりました。それがあの夜の沈黙の埋め合わせになれば、と願っていますし、ここから新しい歩みが始まっていくことを願っています。

わずか五分の会話から、神は「和解の旅」を共に歩む仲間をつくり出し、この本が生まれました。今、あなたの手もとにお届けします。今度はあなたの番です。この本を読むことで、あなたの日々に、あなたの教会に、そしてこの日本に、いったいどんな《希望の印》が生まれるのでしょう。

二〇一九年二月

訳者を代表して　平野克己

《執筆者》

エマニュエル・カトンゴレ　Emmanuel Katongole

ウガンダ生まれ。神学博士。デューク大学神学部の神学及び世界キリスト教の研究教授。カトリック・カンパラ大司教区の司祭となり、ウガンダ国立大学で哲学と倫理学を教える。彼は現在、ルワンダ大虐殺、政治、暴力と神学、エイズ及び他の社会的困難などのアフリカにおけるイエスの顔について教えている。*A Future for Africa* 及び *African Theology Today* などの著書多数。

クリス・ライス　Chris Rice

ミシシッピ州ジャクソンにある宣教団体「カルバリーの声」で長年過ごし、活動をした。*Urban Family* 誌編集長、Reconcilers Fellowship 共同創設者、2004年に開かれた「世界福音宣教のためのローザンヌ・フォーラム」の課題グループ招集者。雑誌 *Sojouners*、*Christianity Today*、*Christian Century* の寄稿者及び *Grace Matters* の執筆者、*More than Equals* のスペンサー・パーキンズとの共同執筆者。

カトンゴレとライスは、デューク大学神学部和解センターの共同ディレクターである。

（以上、原著刊行当時）

現在は、カトンゴレは、ノートルダム大学国際平和研究センターにおいて神学及び平和学の准教授を、ライスは、デューク大学神学部フェローとメノナイト中央委員会北東アジア代表を兼任している。

《訳者》

佐藤容子（さとう・ようこ）

1971年生まれ。作曲家。東京音楽大学作曲専攻卒業。ハワイ大学大学院音楽学部修士課程修了及び同大学院博士課程修了。博士号（音楽）取得。プリンストン神学校オンライン・サーティフィケート（Theology and Ministry Program 2016）取得。2009年および2012年、デューク大学神学部和解センター主催「夏期和解フォーラム」に参加。日本基督教団藤沢教会会員。

平野克己（ひらの・かつき）

1962年生まれ。国際基督教大学卒業。東京神学大学大学院修士課程修了。日本基督教団阿佐ヶ谷教会、金沢長町教会を経て、現在、代田教会主任牧師。説教塾全国委員長。2003年、2013年にデューク大学神学部で客員研究員として過ごす。

エマニュエル・カトンゴレ、クリス・ライス

シリーズ〈和解の神学〉すべてのものとの和解

2019年3月11日発行

訳　者　佐藤容子、平野克己

発行所　日本キリスト教団出版局

〒169-0051　東京都新宿区西早稲田 2-3-18

電話・営業 03（3204）0422、編集 03（3204）0424

http//bp-uccj.jp/

印刷・製本　河北印刷

ISBN978-4-8184-1005-3 C0016　日キ版

Printed in Japan